Fritz Daniel Frech, Ferdinand Roemer

Lethaea geognostica

oder Beschreibung und Abbildung der für die Gebirgsformationen bezeichnendsten

Versteinerungen

Fritz Daniel Frech, Ferdinand Roemer

Lethaea geognostica
oder Beschreibung und Abbildung der für die Gebirgsformationen bezeichnendsten Versteinerungen

ISBN/EAN: 9783743654266

Hergestellt in Europa, USA, Kanada, Australien, Japan

Cover: Foto ©Andreas Hilbeck / pixelio.de

Weitere Bücher finden Sie auf **www.hansebooks.com**

Lethaea palaeozoica

oder

Beschreibung und Abbildung

der

für die einzelnen Abtheilungen der palaeozoischen Formation bezeichnendsten Versteinerungen.

Von

Ferd. Roemer.

Atlas.

Mit zweiundsechzig Tafeln.

STUTTGART.
E. Schweizerbart'sche Verlagshandlung (E. Koch).
1876.

Vorwort.

Die nachstehende Reihe von **Tafeln** bildet den Atlas zu einem Handbuche der Fossilreste der palaeozoischen Formation, dessen Herausgabe ich vorbereite. Dasselbe wird zugleich als die erste Abtheilung einer nach einem bedeutend erweiterten Plane bearbeiteten neuen Auflage von Bronn's Lethaea geognostica erscheinen.

Da die mit einer vollständigen Erklärung der Figuren versehenen Tafeln auch ohne den Text des Handbuches schon eine gewisse Benützung zulassen, so werden dieselben schon jetzt der Öffentlichkeit übergeben. Mancherlei feinere Formverhältnisse der auf den Tafeln dargestellten Gegenstände sollen durch Holzschnitte in dem Texte des Handbuches noch näher erläutert werden.

Auf den Tafeln des Atlas sind die bezeichnenden Thiere und Pflanzen jeder einzelnen allgemein nachweisbaren Hauptabtheilung der palaeozoischen Formation gesondert dargestellt worden. Es besteht darin der Unterschied dieses Atlas gegen denjenigen der bisherigen Auflagen von Bronn's Lethaea geognostica, da in diesem wohl die Leitfossilien der verschiedenen Formationen, aber nicht diejenigen der einzelnen Abtheilungen der Formationen gesondert abgebildet wurden.

Ein vollständig zusammenhängendes Bild des Thier- und Pflanzenlebens, wie es in ununterbrochener Aufeinanderfolge und in enger Verknüpfung in den einzelnen Epochen der palaeozoischen Periode sich entwickelt hat, wird freilich deshalb durch unsere Tafeln noch keineswegs geliefert. Es sind vielmehr auf denselben nur die durch mehr oder weniger grosse Zwischenräume getrennten Hauptstufen der Entwicklung dargestellt worden und die verbindenden Zwischenstufen fehlen. So fehlt z. B. zwischen der untersilurischen Fauna, als deren typisches Glied und Mittelpunkt im nördlichen Europa der Schwedische Orthoceren-Kalk erscheint, und der obersilurischen Fauna, welche in dem Englischen Wenlock-Kalke und in den Kalkschichten der Insel Gotland ihre Hauptentfaltung zeigt, die Fauna der ziemlich mächtigen Zwischenschichten zwischen beiden, welche in England als „Llandovery rocks" durch Murchison zusammengefasst wurden und zu denen in Ehstland die durch Friedr. Schmidt als „Wesenbergsche Schicht" und als „Lyckholmsche Schicht" bezeichneten kalkigen Schichtenreihen gehören. Es fehlt ferner zwischen der obersilurischen Fauna und der unterdevonischen die jedenfalls bedeutend mächtige Reihenfolge von Schichten, welche jünger als der Englische Wenlock-Kalk und älter als die untere Rheinische Grauwacke oder Coblenzer Grauwacke namentlich am östlichen Harz und in Böhmen entwickelt sind, und denen in Nord-America die von den New-Yorker Staatsgeologen als „Lower Helderberg group" und „Waterlime group" bezeichneten Ablagerungen zum Theil entsprechen.

Erst mit den Einschlüssen dieser und ähnlicher Zwischenschichten würden die auf den Tafeln dargestellten Faunen ein ununterbrochen fortlaufendes Bild der allmählichen Entwicklung des organischen Lebens während der paläozoischen Periode darstellen. Sie wurden fortgelassen, weil die Identität vieler Arten in diesen Zwischenschichten mit solchen der angrenzenden Hauptstufen eine wiederholte Abbildung dieser Arten nöthig gemacht haben würde. Zum Theil auch weil gerade die Faunen dieser verbindenden Zwischenbildungen bisher nur unvollständig gekannt sind.

Breslau, im Mai 1876.

Ferd. Roemer.

Tafel 1.

Cambrisch (Protozoisch).
Trilobiten.

Fig. 1. *Paradoxides Bohemicus* BARRANDE aus den Thonschiefern von Ginetz in Böhmen. Kopie nach BARRANDE.
- 2a. *Agnostus pisiformis* BRONGN.; ein mit Kopf- und Schwanzschilden erfülltes Stück von schwarzem Kalk von Andrarum in Schonen.
  - 2b. Vergrösserte Ansicht eines vollständigen Exemplars. Kopie nach ANGELIN.
  - 2c. Natürliche Grösse desselben Exemplars.
- 3. *Arionellus ceticephalus* BARR. aus den Thonschiefern von Skrey in Böhmen.
- 4a. *Hydrocephalus carens* BARR. aus den Thonschiefern von Skrey in Böhmen. Kopie nach BARRANDE.
  - 4b. Derselbe vergrössert.
- 5. *Olenus (Peltura) scarabaeoides* DALMAN aus den Alaunschiefern von Andrarum in Schonen.
- 6. *Olenus truncatus* ANGELIN aus den Alaunschiefern von Möckleby auf der Insel Oeland.
- 7. *Conocephalus Sulzeri* BRONN aus den Thonschiefern von Ginetz in Böhmen.
- 8a. *Sao hirsuta* BARRANDE von Skrey in Böhmen. Vergrösserte Ansicht.
  - 8b. Natürliche Länge.
  - 8c. Das Kopfschild, den Verlauf der Gesichtsnähte (suturae faciales) zeigend.
  - 8d. Das 6te und 7te Rumpf-Segment vergrössert.
  - 8e. Profil eines der Rumpf-Segmente.
- 9a. *Ellipsocephalus Hoffi* BRONN aus den Thonschiefern von Ginetz in Böhmen.
  - 9b. Zwei Rumpf-Segmente vergrössert.

Roemer, lethaea palaeoz.   Taf: 1.

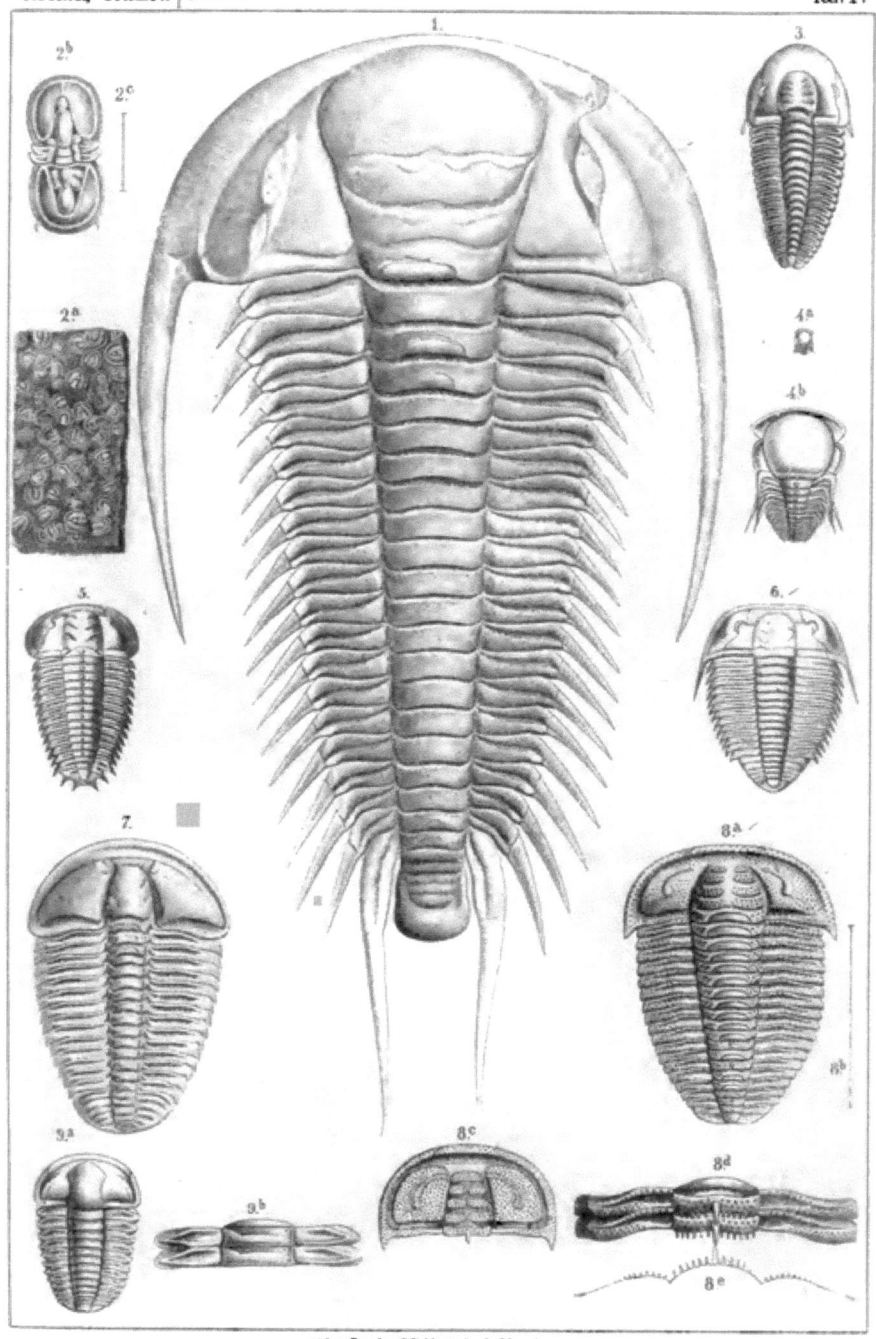

Lith.u.Druck v.F.Schlotterbeck, München.

Tafel 2.

Cambrisch (Protozoisch).
Brachiopoden, Pteropoden, Graptolithinen etc.

Fig. 1. *Palaeophycus Beverleyensis* BILLINGS von Beverley in Canada.
   » 2a. *Archaeocyathus Minganensis* BILLINGS (? Spongiarum genus) von den Mingan-Inseln an der Mündung des Lorenz-Flusses in Canada. Kopie nach BILLINGS.
       2b. Ein Stück der porösen Innenwand des trichterförmigen Körpers.
   » 3a. *Dictyonema sociale* SALTER (Fam. der Graptolithiden) aus schwarzen Thonschiefern (»uppermost Lingula flags«) der Dachschieferbrüche von Bron Foel, SW. von Tremadoc in Nord-Wales. Kopie nach SALTER.
       3b. Ein Stück der netzförmigen Ausbreitung vergrössert.
    4a. *Orthis lenticularis* SALTER (*Anomites lenticularis* WAHLENBERG). Ein Stück Thonschiefer mit mehreren Exemplaren aus »Upper Lingula flags« von Penmorfa Church bei Tremadoc in Nord-Wales. Kopie nach SALTER.
       4b. Vergrösserte Ansicht der kleineren nicht durchbohrten Klappe.
       4c. Vergrösserte Ansicht der grösseren durchbohrten Klappe.
    5a. *Lingulella Davisii* SALTER (*Lingula Davisii* M'COY) aus den »Lingula flags« der Dachschieferbrüche von Bron Foel bei Tremadoc in Nord-Wales. Ansicht der kleineren Klappe.
       5b. Ansicht eines auf einem Schieferstücke liegenden Exemplars. Die Area unter dem Schnabel der grösseren Klappe ist sichtbar.
       5c. Vergrösserte Ansicht der Area unter dem Schnabel der grösseren Klappe mit der für die Gattung Lingulella bezeichnenden Rinne. Kopien nach M'COY
       6a. *Obolellus? Phillipsii* HOLL aus den »middle Lingula beds« des Malvern District in England.
       6b. Die kleinere Klappe vergrössert. Der überragende Theil der grösseren Klappe ist punktirt angedeutet.
       6c. Vergrösserte Ansicht der vereinigten Klappen im Profil.
       6d. Vergrösserte Ansicht der kleineren Klappe. Kopien nach DAVIDSON.
   » 7a. *Obolus Apollinis* PANDER aus dem sogenannten Unguliten-Sandstein von Reval in Ehstland. Ansicht eines unvollständigen Exemplars der grösseren Klappe von aussen.
       7b. Ansicht der Innenseite desselben Exemplars.
       7c. Ansicht eines unvollständigen Exemplars der kleineren Klappe von innen.
    8a. *Hyolithes parens* BARRANDE, aus Thonschiefern von Mleschitz in Böhmen. Ansicht eines an der Spitze unvollständigen Exemplars.

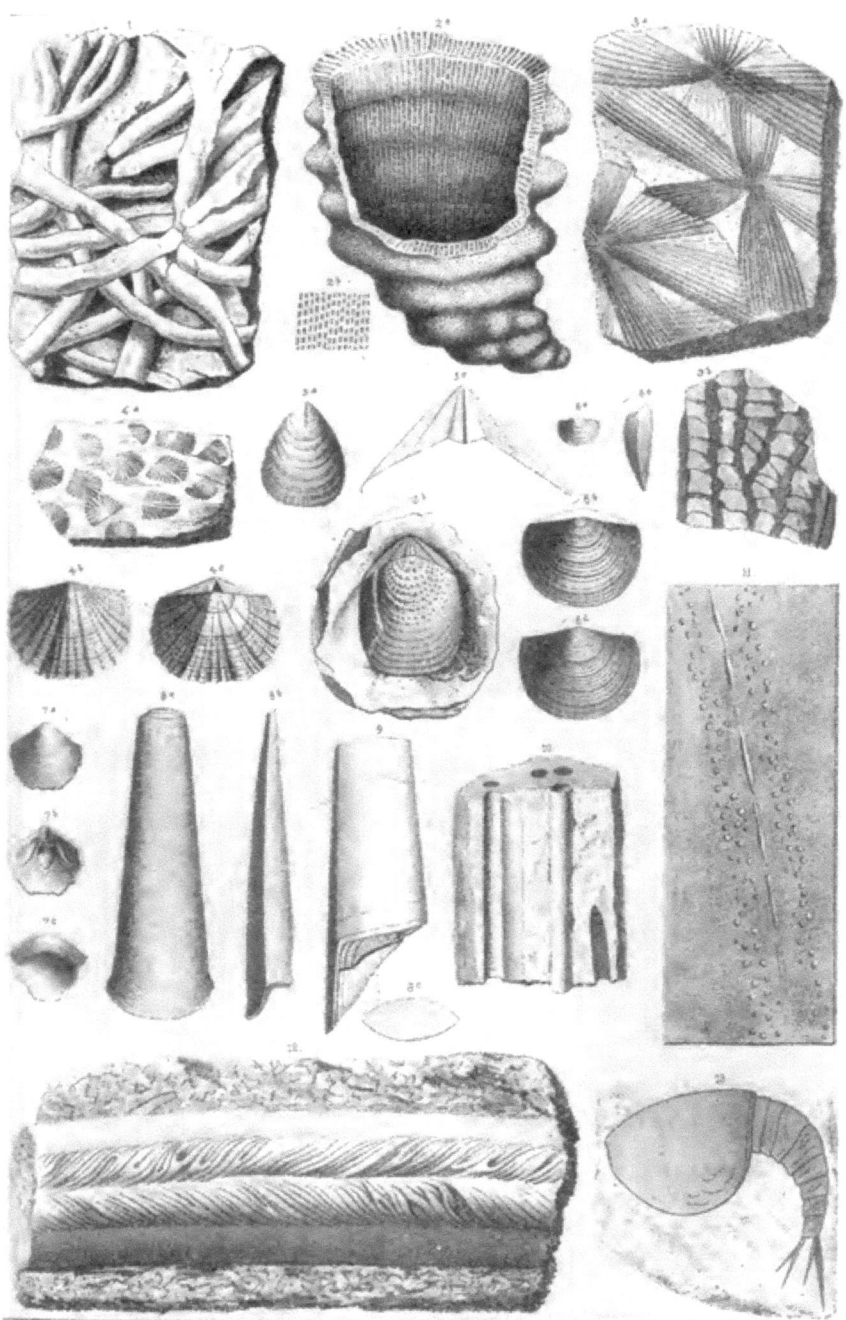

Fig. 8b. Dasselbe Exemplar **im Profil**.
  8c. Querschnitt **des Gehäuses**.
  9. *Hyolithes maximus* BARRANDE aus Thonschiefern (vom **Alter derjenigen von** Skrey) von Mleschitz in Böhmen. Ansicht eines **unvollständigen Exemplars** mit dem Deckel im Profil gesehen.
  10. *Protichnites octonotatus* OWEN (Fussspuren eines Crustaceum?) aus dem »**Potsdam sandstone**« von Beauharnois am St. Louis Flusse in Canada.
  11. *Scolithus linearis* HALL (Bohrlöcher von Anneliden?) der »Stiper Stones« d. i. einem aus kieseligen Sandsteinen bestehenden felsigen Rücken, **welcher sich** aus der Gegend von Shrewsbury 10 engl. **Meilen** weit gegen **Südwest bis Snead** unweit **Bishop's** Castle erstreckt.
  12. *Cruziana semiplicata* SALTER (Anneliden-Spuren?) **aus** »**Lower Lingula beds**« von **Bangor** in Nord-Wales. **Kopie nach** SALTER.
  13. *Hymenocaris vermicauda* SALTER **aus** »**Lower Lingula flags**« von Gwern-y-barcud in Nord-Wales. **Kopie nach** SALTER.

Tafel 3.

Unter-Silur.

Korallen, Graptolithen, Crinoiden etc.

Fig. 1a. *Monticulipora Petropolitana* M. EDWARDS et HAIME. Ansicht eines mittelgrossen Exemplars von St. Petersburg, von der Seite.
1b. Ansicht der Hälfte des senkrechten Durchschnitts mit den feinen ausstrahlenden Röhrenzellen.
2a. *Syringophyllum organum* EDWARDS et HAIME. Stück der Oberfläche eines Exemplars aus Diluvial-Geschieben von Sadewitz in Schlesien.
2b. Ansicht eines Stücks von der Seite, die innere Struktur des Korallenstocks zeigend.
3a. *Streptelasma Europaeum* FERD. ROEMER. Ansicht eines jungen Exemplars von Sadewitz bei Oels in Schlesien von der Seite.
3b. Ansicht des Kelches von oben.
4. *Monoprion Nilssoni* BARR. aus Alaunschiefer von Gräfenwarth bei Schleiz. Kopie nach GEINITZ.
5. *Didymograpsus Murchisoni* SALTER aus »Llandeilo flags« in Radnorshire. Kopie nach SALTER.
6. *Retiolites Geinitzianus* BARRANDE von Ronneburg im Altenburgschen.
7. *Retiolites venosus* HALL von Rochester im Staate New-York. Ein Stück der Oberfläche 9fach vergrössert.
8. *Rastrites peregrinus* BARRANDE aus Dumfriesshire. Kopie nach SALTER.
9. *Graptolithus Logani* HALL aus West-Canada. Kopie nach HALL.
10. *Diplograpsus folium* GEINITZ von Christiania.
11. *Didymograpsus hirundo* SALTER von Ty-obry (Wales). Kopie nach SALTER.
12. *Graptolithus bryonoides* HALL aus West-Canada. Kopie nach HALL.
13. *Echinosphaerites aurantium* WAHLENBERG von St. Petersburg. Kopie nach L. v. BUCH.
14a. *Echinoencrinus Senkenbergii* H. v. MEYER von St. Petersburg. Der Kelch von der Seite gesehen.
14b. Von oben. Kopien nach L. v. BUCH.
15. *Caryocystites granatum* L. v. BUCH von der Insel Oeland. Der Kelch von der Seite. Kopie nach L. v. BUCH.
16. *Agelacrinus Cincinnatiensis* FERD. ROEMER, auf *Leptaena alternata* CONR. aufgewachsen, etwas von oben zusammengedrückt, von Cincinnati im Staate Ohio.

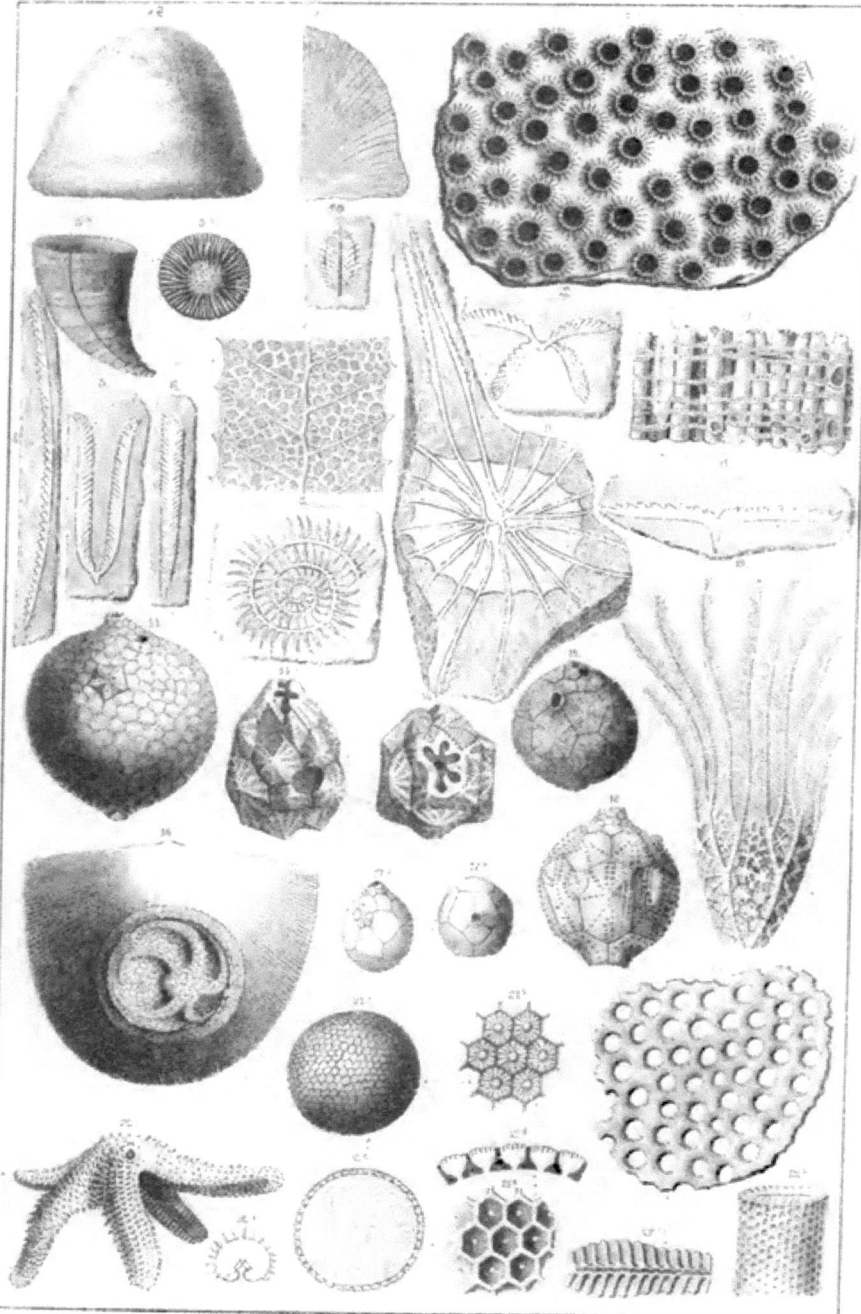

Fig. **17a.** *Cryptocrinus laevis* M. V. K. **von St. Petersburg;** der **Kelch** von der **Seite.**
17b. Von unten. Kopien nach L. **v. Buch.**

18. *Hemicosmites pyriformis* L. v. Buch **von St.** Petersburg. Kopie **nach L. v.** Buch.

19. *Glyptocrinus decadactylus* Hall. **Exemplar** des Kelches **mit den Armen von** Cincinnati; von der Seite.

20a. *Palaeaster asperrimus* Salter von Welshpool **(Nord-Wales). Kopie** nach Salter.

20b. Querschnitt eines Arm's.

21a. *Cyclocrinus Spaskii* Eichwald (Familie der Receptaculiden) von **Wesenberg** in Ehstland.

21b. Vergrösserte Ansicht eines Stücks der Oberfläche **mit** der zierlichen sternförmigen **Zeichnung der Täfelchen,** welche bei etwas **abgeriebener Oberfläche** sichtbar wird.

21c. Ansicht des Durchschnitts **der** kugeligen Schale, die Dicke **der Schale** zeigend.

21d. Vergrösserte Ansicht eines Stücks des kugeligen Schalenrings von der Seite bei einem als Steinkern erhaltenen Exemplare von Bromberg. Die weissen kelchförmigen **Partien** sind die **Ausfüllungen** der unter den sechsseitigen Feldern der Oberfläche befindlichen Hohlräume.

21e. Vergrösserte Ansicht des Abdrucks eines Stücks von der Innenfläche des Schalenrings. **Die centralen weissen Punkte** der sechsseitigen Höhlungen entsprechen **dem unteren Ende der** kelchförmigen Ausfüllungen in Fig. **21d.**

22a. *Coscinium proavum* Eichw. von Pallokülla in Ehstland.

22b. Ein Stück der netzförmigen Ausbreitung vergrössert.

22c. Vergrösserte Ansicht eines Stücks **im Querschnitt, die Doppel-Lage der** Zellen zeigend.

Tafel 4.

Unter-Silur.

Brachiopoden und Lamellibranchiaten.

Fig. 1 a. *Siphonotreta unguiculata* EICHWALD von Reval. Ansicht der Schale gegen die kleinere Klappe gesehen.
    1 b. Ansicht gegen die grössere, durchbohrte Klappe.
    1 c. Ansicht der Innenseite der grösseren Klappe. Kopien nach DAVIDSON.
  2 a. *Pseudocrania antiquissima* EICHWALD von Reval; von oben gesehen.
    2 b. Ansicht der vereinigten Klappen von der Seite.
  3 a. *Acrotreta (?) Nicholsoni* DAVIDSON von Moffart in Dumfriesshire; die grössere Klappe in natürlicher Grösse von oben gesehen.
    3 b. Vergrösserte Ansicht derselben Klappe.
    3 c. Vergrösserte Ansicht der Innenfläche.
  4. *Orthis calligramma* DALMAN aus dem Orthoceren-Kalke von St. Petersburg; Ansicht eines grossen Exemplares gegen die kleinere Klappe.
  5 a. *Orthis extensa* M. V. K. von St. Petersburg. Ansicht gegen die kleinere Klappe.
    5 b. Ansicht von der Seite. Kopien nach M. V. K. Russia Vol. II Pl. XIII, fig. 11.
  6. *Orthisina anomala* D'ORBIGNY von Reval. Schief gegen die Area gesehen.
  7 a. *Platystrophia lynx* KING (*Spirifer lynx* EICHWALD) von Cincinnati; gegen die kleinere Klappe gesehen.
    7 b. Profil-Ansicht. Kopien nach M. V. K.
  8 a. *Strophomena deltoidea* CONRAD von Caradoc; gegen die konkave kleinere Klappe gesehen. Kopie nach DAVIDSON.
    8 b. Gegen die konvexe grössere Klappe gesehen.
    8 c. Senkrechter mittlerer Schnitt durch die vereinigten Klappen.
  9 a. *Leptaena sericea* SOW. von Caradoc, gegen die grössere Klappe gesehen. Kopie nach DAVIDSON.
    9 b. Ein Stück der Oberfläche vergrössert.
    9 c. Senkrechter mittlerer Schnitt durch die vereinigten Klappen.
  10 a. *Porambonites aequirostris* D'ORBIGNY (*Terebratulites aequirostris* SCHLOTHEIM) von St. Petersburg; Ansicht von der Seite.
    10 b. Gegen den Schnabel gesehen.
    10 c. Ein Stück der Schalenoberfläche vergrössert.
  11 a. *Orthis solaris* L. V. BUCH aus Diluvial-Geschieben von Sadewitz bei Oels. Ansicht der grösseren Klappe.

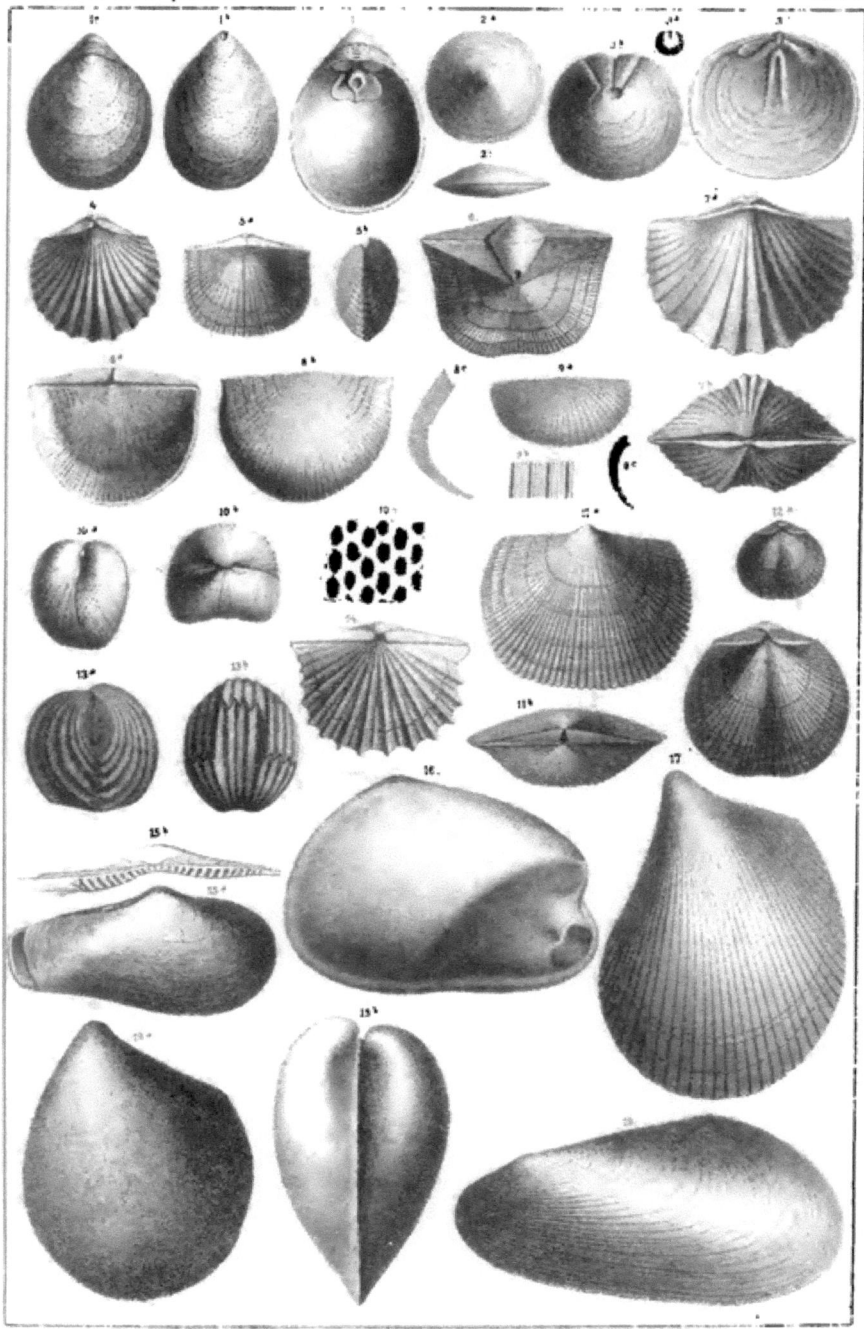

Fig. 11b. **Ansicht im Profil** gegen den Schnabel.
12a. *Orthis testudinaria* DALM. von Caradoc; gegen die kleinere Klappe gesehen.
12b. Vergrösserte Ansicht. Kopien nach DAVIDSON.
13a. *Rhynchonella capax* BILLINGS (*Atrypa increbescens* HALL) **von Cincinnati.** Seiten-Ansicht.
13b. Stirn-Ansicht.
14. *Orthis Actoniae* Sow. von Caradoc. **Kopie** nach DAVIDSON.
15a. *Ctenodonta nasuta* SALTER aus Canada. **Ansicht von der** Seite gegen **die** rechte Klappe. Kopie nach SALTER.
15b. Vergrösserte Ansicht des Schlosses.
16. *Megalomus (?) Deshayesianus* m. (*Cypricardia Deshayesiana* M. V. K.) von Reval; Ansicht des Steinkerns **von** der Seite. Kopie nach M. V. K. Russia Vol. II, Pl. 20, Fig. **1a.**
17. *Ambonychia radiata* HALL aus der »Hudson river group« von Boonville im Staate New-York.
18a. *Ambonychia incrassata* m. (*Modiolopsis incrassata* EICHW.). Diluvial-Geschiebe bei Rostock. Gegen die linke Klappe gesehen.
18b. Vorder-Ansicht.
19. *Modiolopsis modiolaris* HALL (*Pterinea modiolaris* CONRAD) aus der »**Hudson** river group« von Boonville im Staate New-York.

Tafel 5.

Unter-Silur.

Gastropoden und Pteropoden.

Fig. 1a. *Pleurotomaria obvallata* m. (*Helicites obvallatus* WAHLENB.; *Helicites qualteriatus* SCHLOTHEIM) aus Orthoceren-Kalk von Reval in Ehstland von oben gesehen. Die Schale mit den stark nach rückwärts gebogenen Anwachsringen ist zum Theil erhalten. Der Schlitz liegt auf der Aussenkante der Umgänge.
1b. Ansicht von der Seite gegen die Mündung.

2. *Turbo rupestris* EICHW. aus Orthoceren-Kalk von Hohenholm auf der Insel Dagö vor dem Meerbusen von Riga. Nach einem durch EICHWALD selbst erhaltenen Exemplare.

3. *Pleurotomaria elliptica* FRIEDR. SCHMIDT (*Trochus ellipticus* HISINGER) aus Orthoceren-Kalk bei Lyck in Ostpreussen. (Nordisches Diluvial-Geschiebe.) Ein Theil der Schale mit den schief nach rückwärts gewendeten Anwachsringen ist erhalten. Der Schlitz lag nahe der Kante der Umgänge.

4. *Subulites planatus* n. sp., aus einem Diluvial-Geschiebe von Orthoceren-Kalk bei Rostock.

5a. *Ecculiomphalus alatus* n. sp., aus einem Diluvial-Geschiebe von Orthoceren-Kalk bei Rostock. Ansicht von oben.
5b. Ansicht von der Seite. Auf dem letzten Umgange fehlt ein Stück der Schale.
5c. Querschnitt des letzten Umgangs.

6. *Maclurea Logani* SALTER vom Ottawa-Flusse in Canada. Kleines Exemplar mit dem Deckel. Kopie nach SALTER.

7. *Murchisonia bellicincta* HALL von Wesenberg in Ehstland.

8a. *Cyrtolites ornatus* CONRAD von Boonville im Staate New-York von der Seite.
8b. Gegen den Rücken gesehen.

9a. *Conularia orthoceratophila* n. sp. aus einem Diluvial-Geschiebe von Orthoceren-Kalk von Sorau im Regierungsbezirk Frankfurt a/O. Nach einem im Berliner Museum befindlichen Exemplare.
9b. Ein Stück der Oberfläche vergrössert.

10a. *Bellerophon cultrijugatus* n. sp., aus einem Diluvial-Geschiebe von Orthoceren-Kalk von Rostock. Rückenansicht.
10b. Seitenansicht.

11a. *Hyolithes acutus* EICHW. (*Pugiunculus vaginati* QUENSTEDT), aus einem Diluvial-Geschiebe von Orthoceren-Kalk bei Rostock mit theilweise erhaltener Schale. Rückenansicht.

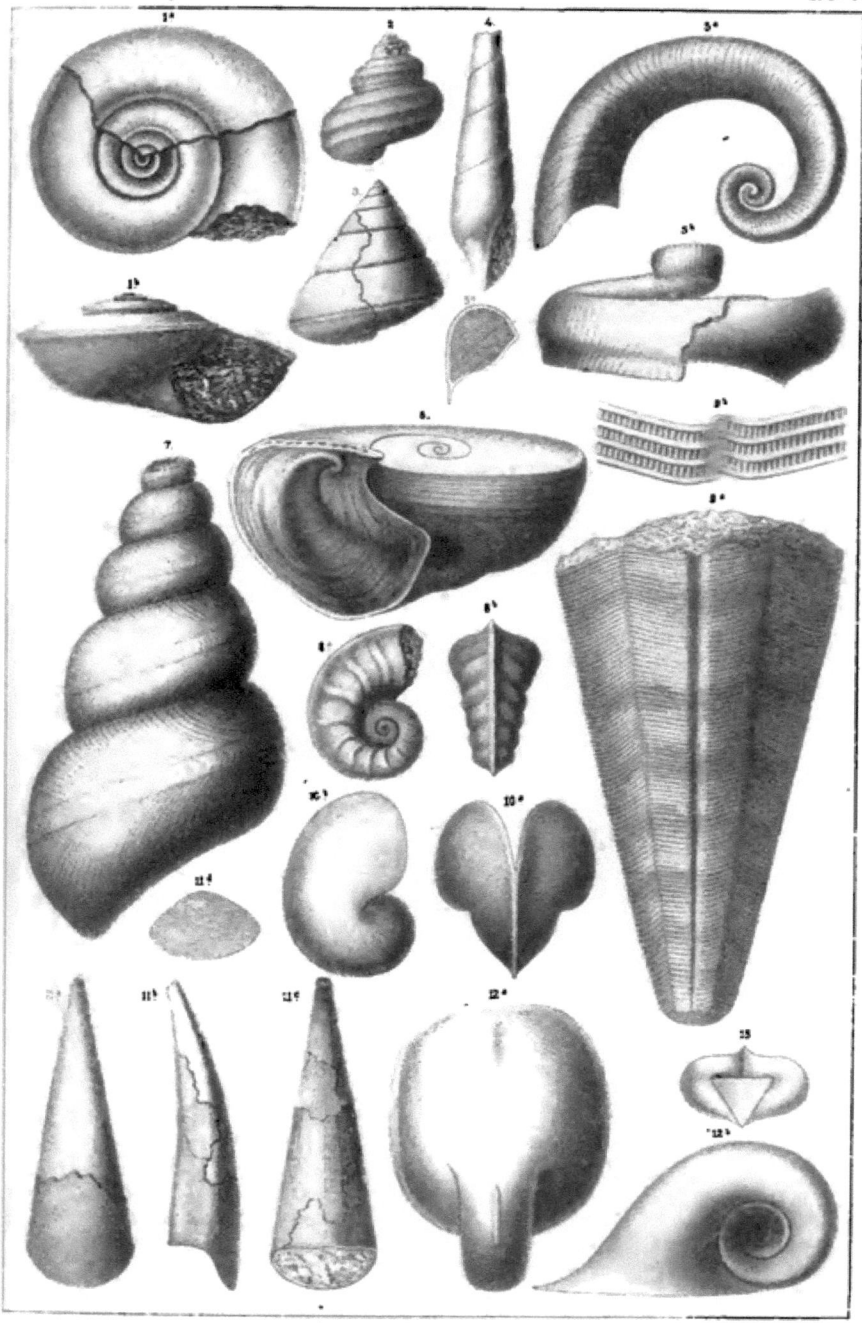

Fig. 11 b. Seitenansicht.

11 c. Ansicht der konkav gekrümmten Seite; wo die obere Schalschicht fehlt, wird eine **Längsstreifung sichtbar**.

11 d. **Querschnitt des Gehäuses**; der nach oben gerichtete stumpfe Winkel des Querschnitts entspricht der konkaven Krümmung des Gehäuses.

12. *Salpingostoma megalostoma* m. (*Bellerophon megalostoma* EICHWALD), aus einem Diluvial-Geschiebe von Orthoceren-Kalk bei Lyck in Ost-Preussen. Rückenansicht des Steinkerns. Die mittlere Leiste ist die Ausfüllung des kurzen mittleren Längsspaltes. Die neue Gattung *Salpingostoma* begreift die Bellerophon-Arten mit plötzlich erweiterter kreisrunder oder ovaler oben nicht geschlitzter nach aussen umgebogener Mündung, welche von dem vorletzten Umgange nicht durchbrochen wird, sondern sich an diesen anlehnt. Statt des Schlitzes auf dem Rücken der Umgänge war ein kurzer Schlitz auf dem letzten Umgange vor der Erweiterung desselben.

12 b. Seitenansicht.

13. *Pterotheca transversa* SALTER von Desertcreat in der Grafschaft Tyrone in Irland. Kopie nach SALTER.

Tafel 6.

Unter-Silur.

Cephalopoden.

Fig. 1a. *Orthoceras regulare* SCHLOTHEIM. Ansicht eines unvollständigen Exemplares von der Insel Oeland. Der obere Theil ist nach der Mittelebene getheilt und zeigt den Durchschnitt der Kammerwände und den Sipho.

1b. Die als Steinkern erhaltene Wohnkammer eines Exemplares von der Insel Oeland mit erhaltenem Mündungsrand und einer der drei longitudinalen Depressionen.

1c. Querschnitt der Wohnkammern durch die Mitte der drei symmetrisch gestellten Längs-Depressionen.

2a. *Orthoceras duplex* WAHLENBERG von Oeland. Ansicht eines Fragments im Längsschnitt durch die Kammerwände und die Mitte des Sipho.

2b. Querschnitt der Schale, Lage und Grösse des Sipho zeigend.

3a. *Orthoceras (Endoceras) longissimum* HALL von Watertown im Staate New-York. Idealer Längsdurchschnitt eines jungen Exemplares durch die Mitte des Sipho und der Kammerwände. Im Sipho die Durchschnitte der dütenförmigen Scheidewände sichtbar. Kopie nach BARRANDE.

3b. Querschnitt desselben Exemplares, die in einander steckenden Düten des Sipho erscheinen als concentrische Ringe.

4. *Orthoceras vaginatum* SCHLOTHEIM von Reval. Ein Fragment mit theilweise erhaltener Schale und unten vorragendem Sipho.

5a. *Gonioceras anceps* HALL von Watertown im Staate New-York. Unvollständiges Exemplar, gegen die breite Seitenfläche gesehen. Um die Hälfte verkleinert, in der unteren Hälfte in der Mittelebene durchschnitten.

5b. Ansicht gegen das obere, durch eine Kammerwand begrenzte Ende.

6. *Lituites Odini* M. V. K. von der Insel Odinsholm in Ehstland.

7. *Lituites lituus* MONTFORT aus einem diluvialen Kalkgeschiebe der norddeutschen Ebene. Der gestreckte Theil oben unvollständig. Kopie nach LOSSEN.

An einigen Stellen fehlt die Schale, so dass die Nähte der Kammerwände sichtbar werden.

Roemer Lethaea palaeoz. Taf. 6.

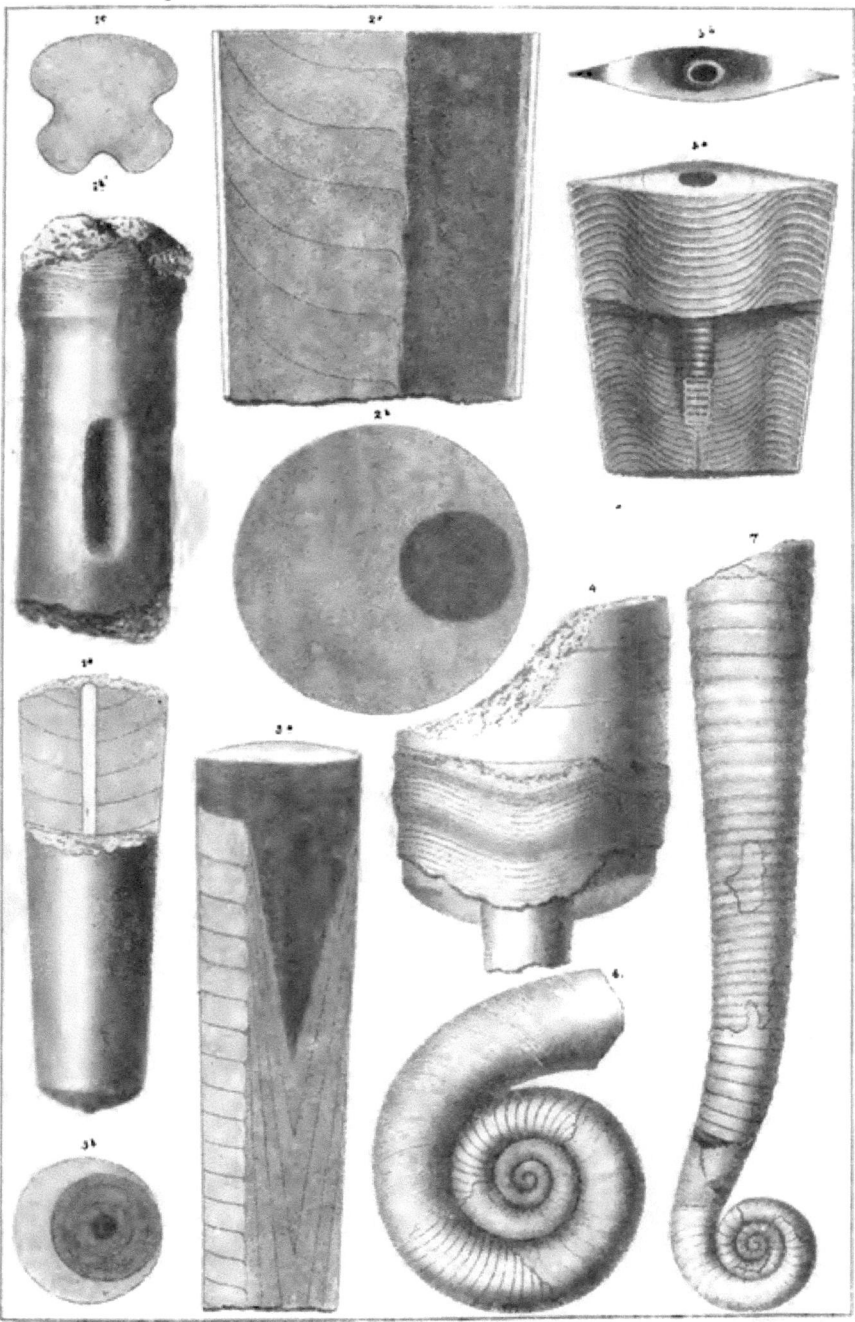

Lith.u Druck v.F.Schlotterbeck, München.

Tafel 7.

Unter-Silur.
Trilobiten.

Fig. 1a. *Asaphus (Basilicus) tyrannus* MURCHISON von Llandeilo in Wales. Kopie nach E. FORBES.
    1b. Das Hypostoma.
  2a. *Asaphus expansus* DALMAN aus Orthoceren-Kalk von Husbyfjöl in Ost-Gothland.
    2b. Die Unterseite des Kopfschildes mit dem Hypostoma in der natürlichen Lage nach einem Exemplare aus einem Diluvial-Geschiebe von Orthoceren-Kalk bei Rostock.
  3a. *Illaenus crassicauda* DALMAN aus Orthoceren-Kalk von Husbyfjöl in Ost-Gothland.
    3b. Dieselbe Art eingerollt, von der Seite gesehen.
  4a. *Chasmops conicophthalma* ANGELIN *(Trilobites conicophthalmus* BOECK*)* aus Orthoceren-Kalk von Böda auf Oeland. Kopie nach ANGELIN.
    4b. Das Kopfschild eines grossen Exemplars aus einem nordischen Diluvial-Geschiebe von Rostock; von der Seite.
  5a. *Amphion Fischeri* EICHWALD aus Orthoceren-Kalk von Husbyfjöl in Ost-Gothland. Kopie nach ANGELIN.
    5b. Dieselbe Art eingerollt, von vorn gesehen.
  6a. *Harpides hospes* BEYRICH. Unvollständiges Exemplar aus einem diluvialen Kalk-Geschiebe von Neu-Strelitz. Kopie nach BEYRICH.
    6b. *Harpides rugosus* ANGELIN von Opslo in Norwegen; das Kopfschild. Kopie nach ANGELIN.

Roemer, lethaea palaeoz.

Taf. 7.

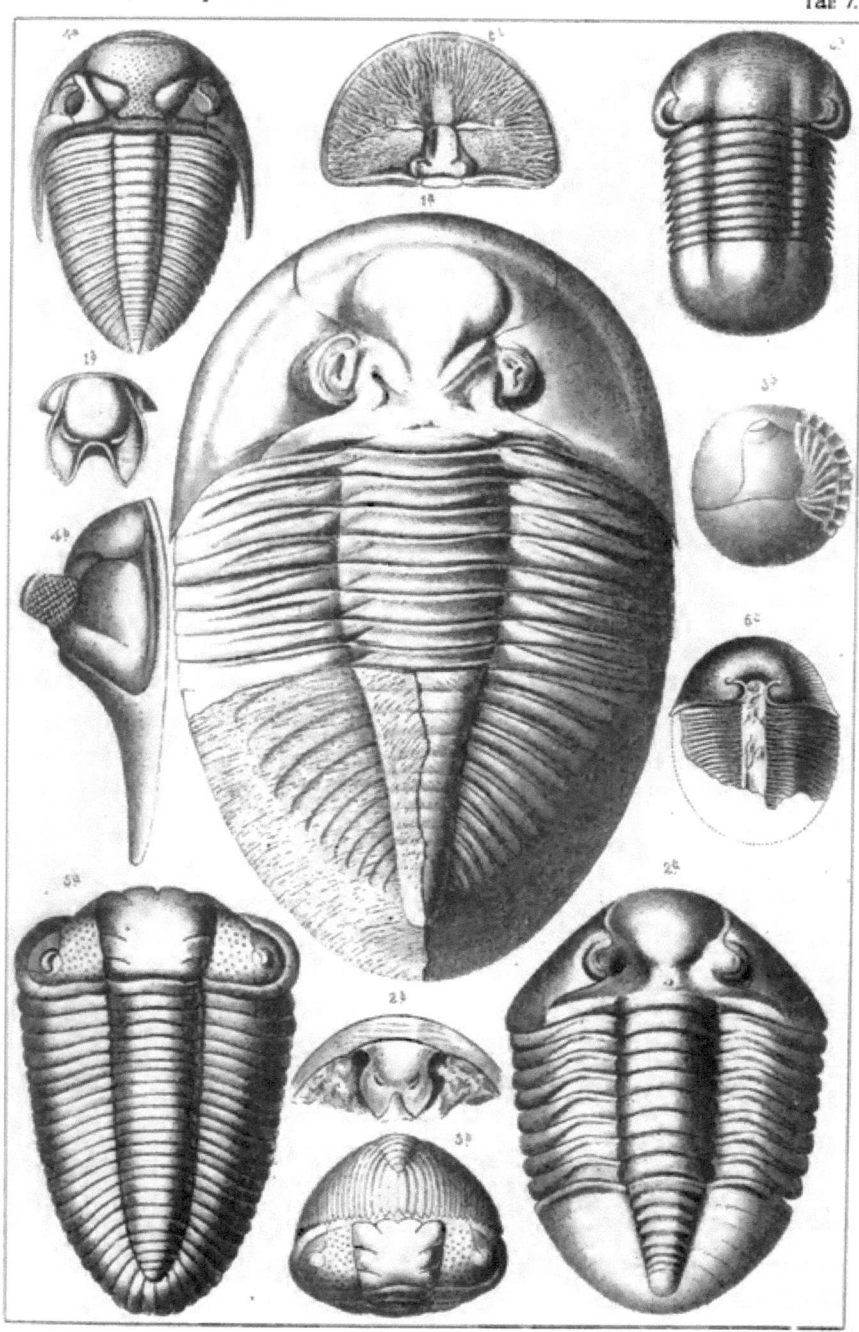

Lith.v. F Schlotterbeck.

Druck v. J. C. Henzler Stuttgart.

Tafel 8.

Unter-Silur.
Trilobiten.

Fig. 1. *Dionide formosa* BARRANDE aus schwarzen den Quarziten von BARRANDE's Stockwerk D untergeordneten Schiefern bei Beraun in Böhmen. Kopie nach BARRANDE.

2. *Trinucleus Goldfussi* BARRANDE aus den Sandsteinen (BARRANDE's Stockwerk D) von Wesela in Böhmen. Kopie nach BARRANDE.

3. *Nileus Armadillo* DALMAN aus Orthoceren-Kalk von Husbyfjöl in Ost-Gothland. Kopie nach ANGELIN.

4. *Niobe frontalis* ANGELIN (*Asaphus frontalis* DALMAN) aus Orthoceren-Kalk von Husbyfjöl in Ost-Gothland. Kopie nach ANGELIN.

5. *Ampyx tetragonus* ANGELIN aus schiefrigen Schichten (ANGELIN's Regio D) von Bestorp auf dem Mösseberg in West-Gothland. Kopie nach ANGELIN.

6a. *Ogygia Buchii* GOLDFUSS (*Asaphus de Buchii* BRONGNIART) aus Sandsteinplatten (»Llandeilo flags«) von Builth in Wales. Kopie nach E. FORBES.
6b. Das Hypostoma.

7a. *Dindymene Haidingeri* BARRANDE aus graugelben Schiefern (oberste Abtheilung von BARRANDE's Stockwerk D) von Karlshütte in Böhmen; vergrössert. Kopie nach BARRANDE.
7b. Natürliche Länge.

8a. *Remopleurides radians* BARRANDE aus gelblichen Schiefern (obere Abtheilung von BARRANDE's Stockwerk D) von Beraun in Böhmen. Ansicht eines jungen Exemplars.
8b. Vergrösserte Ansicht der Glabella im Profil, welche das rechte Auge in seiner ganzen Länge zeigt.

9a. *Aeglina rediviva* BARRANDE aus Thonschiefern (BARRANDE's Stockwerk D) bei Beraun in Böhmen. Kopie nach BARRANDE.
9b. Natürliche Länge.
9c. Vergrösserte Ansicht des Kopfschildes mit den grossen Augen.

10a. *Placoparia Zippei* BARRANDE aus Quarziten (BARRANDE's Stockwerk D) der Gegend von Beraun in Böhmen; vergrössert.
10b. Natürliche Länge.

11. *Conodonten* (nach PANDER sehr kleine Zähne von Fischen nicht näher bekannter Stellung; nach HARLEY (Quart. Journ. Geol. Soc. XVII, 1861. p. 542 ff.) als Crustaceen-Reste gedeutet und mit anderen ähnlichen Körpern unter der Be-

Roemer, lethaea palaeoz.

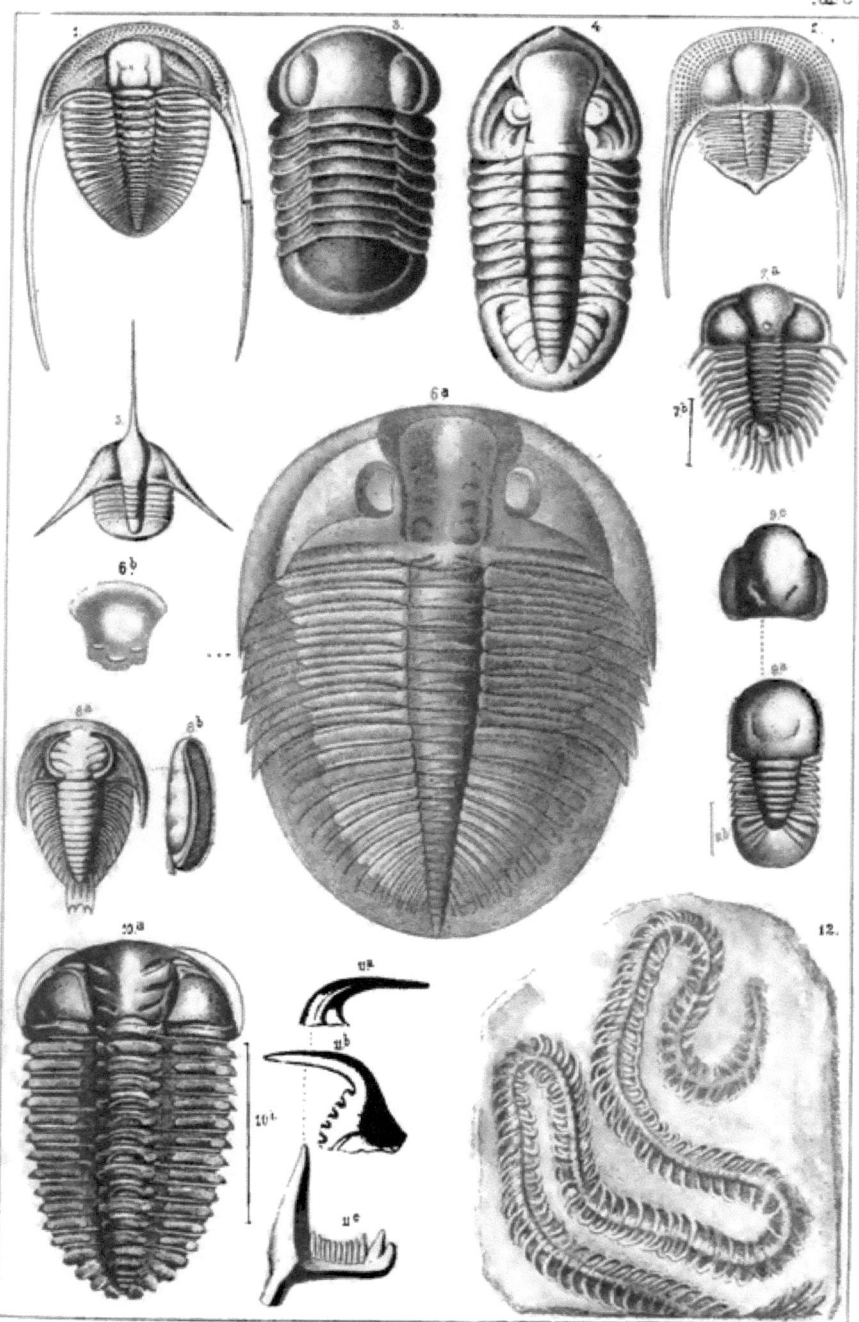

nennung Astacoderma zusammengefaszt; aus dem Grünsande unter dem Orthoceren-Kalke bei St. Petersburg; vielfach vergrössert. Kopien nach PANDER.
 11a. *Drepanodus arenatus* PANDER.
 11b. *Cordylodus angulatus* PANDER.
 11c. *Prioniodus elegans* PANDER.

Fig. 12. *Nereites Cambrensis* MURCHISON (Fährten eines nicht näher bekannten Gliederthiers?) auf Thonschiefer der »Llandeilo rocks« von Llampeter in Süd-Wales. Kopie nach MURCHISON.

Tafel 9.

Ober-Silur.

Spongien und Korallen.

Fig. 1 a. *Astylospongia praemorsa* FERD. ROEMER (*Siphonia praemorsa* GOLDF.) von der Insel Gotland. Ansicht von der Seite.
  1 b. Von oben.
  1 c. Ein Stück des angeschliffenen Querschnitts vergrössert, die sechsstrahligen Sterne des inneren Gewebes zeigend.

  2 a. *Astraeospongium meniscus* FERD. ROEMER aus Kalkschichten vom Alter des Wenlock-Kalks von Perryville (Decatur County) im westlichen Theile des Staates Tennessee in Nord-America; Ansicht von oben.
  2 b. Ansicht von der Seite.
  2 c. Ein einzelner der sechsstrahligen Sterne vergrössert.

  3 a. *Heliolites interstincta* M. EDWARDS et HAIME von Dudley in England. Ein kleines Exemplar von der Seite. Kopie nach M. EDWARDS et HAIME.
  3 b. Ein Stück der Oberfläche vergrössert.
  3 c. Ein Stück des Korallenstocks im senkrechten Durchschnitt. Die wagerechten Striche sind die Querschnitte der Böden oder Querscheidewände der Röhrenzellen.

  4 a. *Calamopora Gotlandica* GOLDFUSS (*Favosites Gothlandica* LAMARCK) von Groningen in Holland. Diluvial-Geschiebe. Keilförmiges Bruchstück aus einem grossen Korallenstock.
  4 b. Ein Fragment von der Seite gesehen, vergrössert. Die Doppelreihen von Poren auf den Zellenwänden sind sichtbar; in der einen Zelle, deren eine Wand fehlt, auch die Querscheidewände oder Böden.

  5 a. *Calamopora Forbesi* m. (*Favosites Forbesi* M. EDWARDS et HAIME) von Dudley. Ein junges Exemplar von der Seite.
  5 b. Ansicht von oben.
  5 c. Ansicht von unten. Kopie nach M. EDWARDS et HAIME.

  6 a. *Halysites catenularia* M. EDWARDS et HAIME (*Catenipora labyrinthica* GOLDFUSS) von Dudley in England. Ein Stück eines Korallenstocks schief von der Seite gesehen. Eine einzelne der Länge nach geöffnete Röhrenzelle zeigt die Querscheidewände oder Böden.
  6 b. Die Mündungen einiger Röhrenzellen vergrössert, um die 12 wenig entwickelten Stern-Lamellen zu zeigen.

Roemer, lethaea palaeoz. Taf. 9.

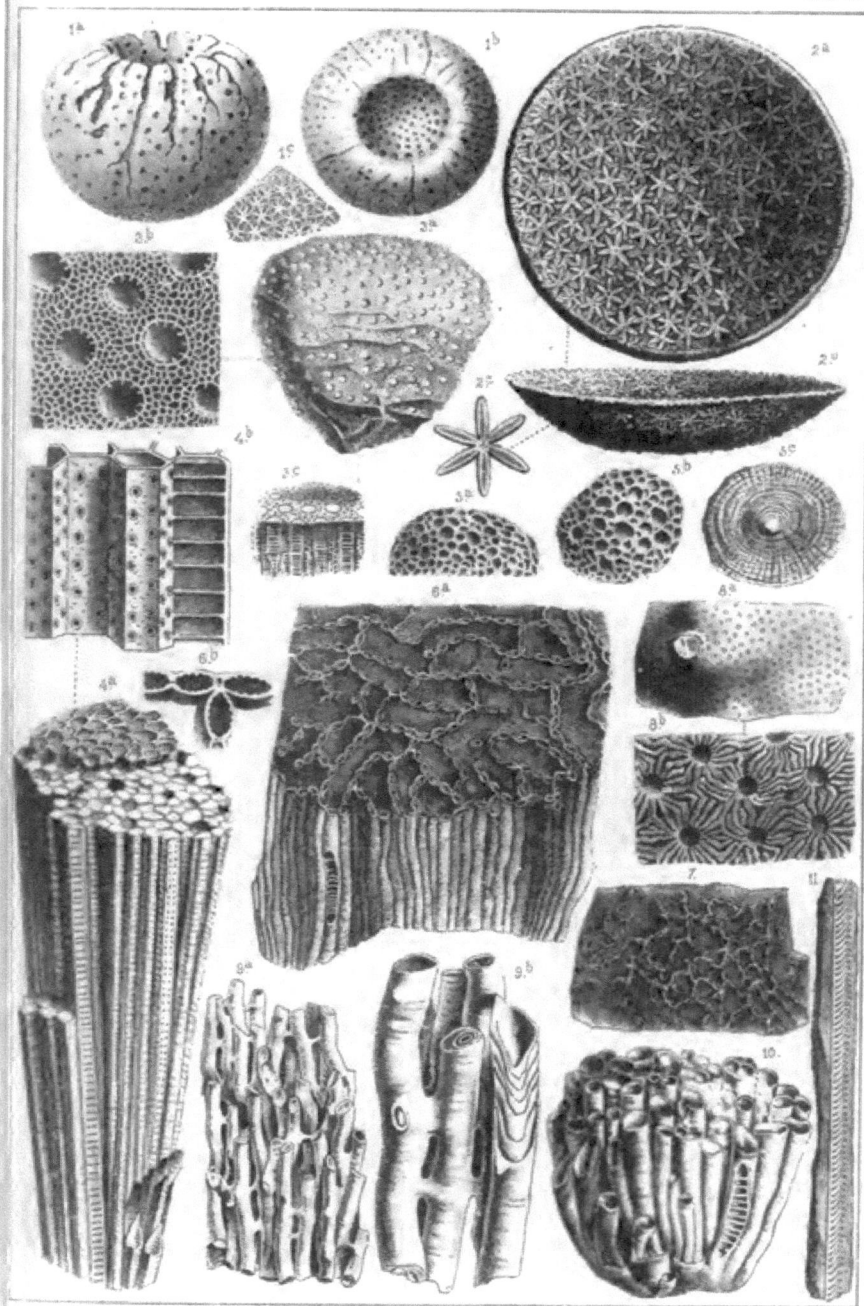

Fig. 7. *Halysites escharoides* FISCHER (*Catenipora escharoides* LAM.) von der Insel Gotland. Ein Stück der Oberfläche des Korallenstocks. Kopie nach M. EDWARDS et HAIME.

8a. *Thecia Swinderenana* M. EDWARDS et HAIME von Dudley in England. Ein Stück der Oberfläche des Korallenstocks (der rundliche Fleck in der linken Hälfte des Stücks ist eine zufällige Verletzung des Stücks).

8b. Vergrösserte Ansicht eines Stücks der Oberfläche. Kopien nach M. EDWARDS et HAIME.

9a. *Syringopora cancellata* M. EDWARDS et HAIME aus einem Diluvial-Geschiebe von Groningen in Holland. Ein Stück des Korallenstocks von der Seite. Kopie nach M. EDWARDS et HAIME.

9b. Vergrösserte Ansicht einiger Röhrenzellen. Die eine der Länge nach geöffnete Röhrenzelle zeigt die dütenförmig in einander steckenden Querscheidewände.

10. *Fletcheria tubifera* M. EDWARDS et HAIME von der Insel Gotland. Eine der Länge nach geöffnete Röhrenzelle zeigt die horizontalen Querscheidewände oder Böden. Kopie nach M. EDWARDS et HAIME.

11. *Monoprion priodon* GEINITZ von Dworetz in Böhmen.

Tafel 10.

Ober-Silur.
Korallen.

Fig. 1a. *Strombodes Murchisoni* M. EDWARDS et HAIME von Dudley in England. Ein Stück der Oberfläche des Korallenstocks.
   1b. Verticaler Durchschnitt durch eine Zelle und deren Umgebung.
  2. *Cyathophyllum articulatum* HISINGER von der Insel Gotland. Ein Stück eines grösseren Korallenstocks.
  3a. *Stauria astraeformis* M. EDWARDS et HAIME von der Insel Gotland.
   3b. Einige Kelche des Korallenstocks, vergrössert. Die vier primären Stern-Lamellen deutlich hervortretend. Kopien nach M. EDWARDS et HAIME.
  4a. *Omphyma subturbinata* M. EDWARDS et HAIME von der Insel Stora Carlsö bei der Insel Gotland.
   4b. Ansicht des Kelches von oben.
  5a. *Acervularia luxurians* M. EDWARDS et HAIME (*Madrepora ananas* LINNÉ pars) von Dudley in England. Ansicht eines kleinen Exemplars von oben.
   5b. Ansicht einer einzelnen Zelle, aus deren Kelche zwei neue hervorsprossen, von denen die eine schon wieder vier neue Zellen trägt.
  6a. *Cyathaxonia Dalmani* M. EDWARDS et HAIME von der Insel Gotland. Vergrösserte Ansicht von der Seite. Die eine Seite der Kelchwand ist fortgebrochen. Kopie nach M. EDWARDS et HAIME.
   6b. Natürliche Länge.
  7a. *Palaeocyclus porpita* M. EDWARDS et HAIME (*Madrepora porpita* LINNÉ) von Dudley in England. Ansicht von oben.
   7b. Ansicht von unten.
   7c. Ansicht von der Seite.
  8a. *Goniophyllum pyramidale* M. EDWARDS et HAIME von der Insel Gotland. Ansicht von der Seite.
   8b. Ansicht von oben gegen den Kelch. Kopien nach M. EDWARDS et HAIME.
  9a. *Goniophyllum Fletcheri* M. EDWARDS et HAIME von Dudley.
   9b. Ansicht des Kelches.
 10a. *Rhizophyllum Gotlandicum* LINDSTRÖM (*Calceola Gotlandica* FERD. ROEMER) von der Insel Gotland. Gegen die flache Seite gesehen. An den beiden Rändern dieser Fläche die Narben der abgebrochenen wurzelförmigen Anhänge.
  10b. Ein anderes Exemplar schief von oben gegen den Deckel gesehen.

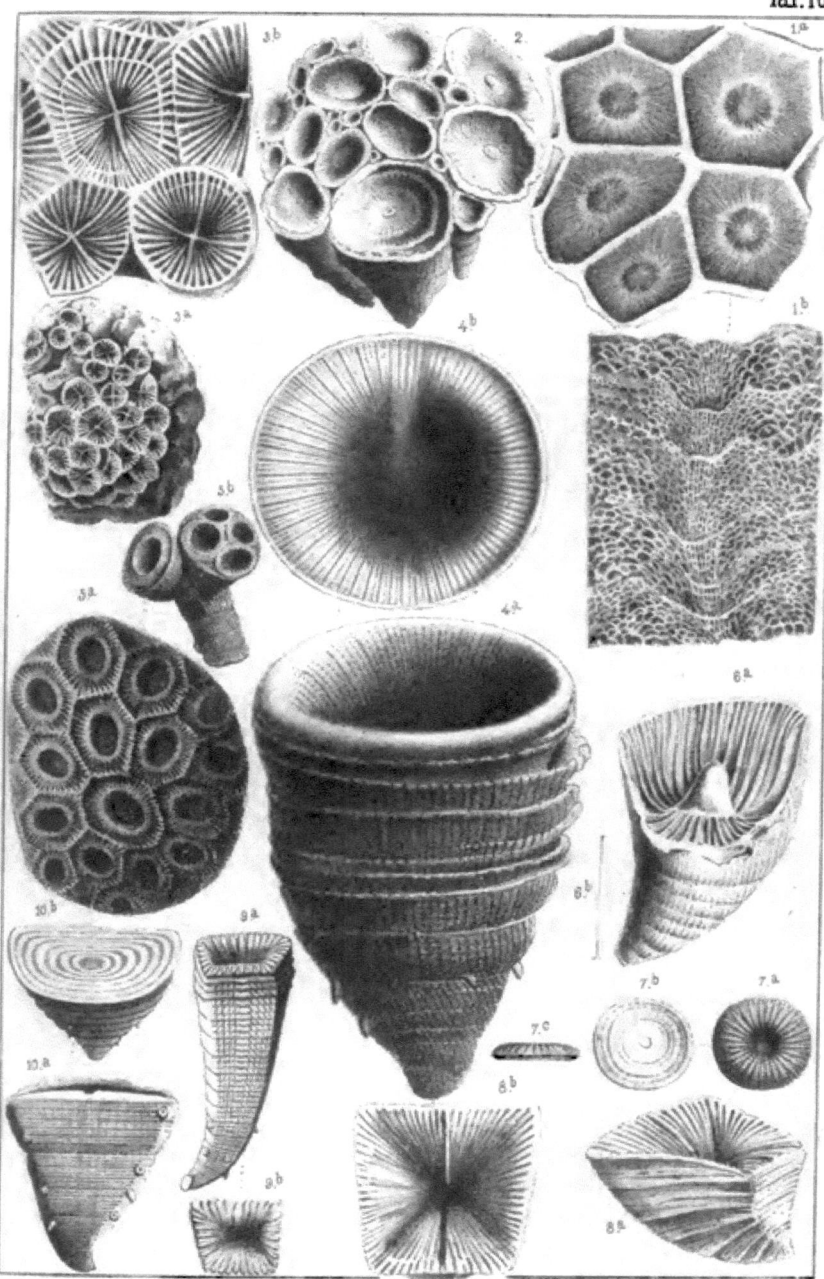

Tafel 11.

Ober-Silur.
Crinoiden und Asteriden.

Fig. 1a. *Pseudocrinus magnificus* FORBES von Dudley in England. Durch ein Versehen des Zeichners erscheinen die gegliederten Anhänge oder Pinnulae in dem oberen Theile vom Kelche gelöst, während sie in Wirklichkeit wie unten demselben aufgewachsen sind.
  1b. Eine einzelne Pinnula des Kelchs vergrössert.
  2a. *Gomphocystites glans* HALL aus Kalksteinschichten vom Alter des Wenlock-Kalks (»Niagara Group« der New-Yorker Staatsgeologen) von Racine im Staate Wisconsin in Nord-America. Ansicht des Kelches von der Seite. Die Grenzen der sehr zahlreichen Täfelchen undeutlich und nur an einzelnen Stellen erkennbar.
  2b. Skizze der Scheitelansicht mit den bogenförmig gekrümmten Armfurchen. Kopie nach HALL.
  3. *Gomphocystites tenax* HALL aus Kalkschichten vom Alter des Wenlock-Kalks (»Niagara Group« der New-Yorker Staatsgeologen) von Lockport im Staate New-York. Ansicht des oberen Theils des Kelchs, etwas vergrössert. Kopie nach HALL.
  4a. *Caryocrinus ornatus* SAY aus Schichten vom Alter des Wenlock-Kalks (»Niagara Group« der New-Yorker Staatsgeologen) von Lockport im Staate New-York. Ansicht des Kelches von der Seite. Die die kleine Pyramide am Rande der Scheitelfläche bildenden Täfelchen sind ausgefallen.
  4b. Ansicht des Kelches von oben. Die Pyramide am Rande der Scheitelfläche ist erhalten.
  5a. *Stephanocrinus angulatus* CONRAD aus Schichten vom Alter des Wenlock-Kalks (»Niagara-Group« der New-Yorker Staatsgeologen) von Lockport im Staate New-York. Ansicht des Kelchs von der Seite.
  5b. Vergrösserte Ansicht eines Kelches, an welchem die fünf dornförmigen Fortsätze abgebrochen sind, von oben. Kopien nach FERD. ROEMER. (Über *Stephanocrinus* u. s. w. in TROSCHEL's Archiv für Naturgeschichte, Jahrgang XVI. Bd. I. Taf. V. 1850.)
  6. *Pleurocystites squamosus* BILLINGS von Ottawa in Canada. Diese Figur ist irrthümlich auf diese Tafel gestellt worden und gehört auf Taf. 3, da das betreffende Fossil in untersilurischen Schichten (»Trenton limestone«) vorkommt.

Roemer, lethaea palaeoz. Taf:11.

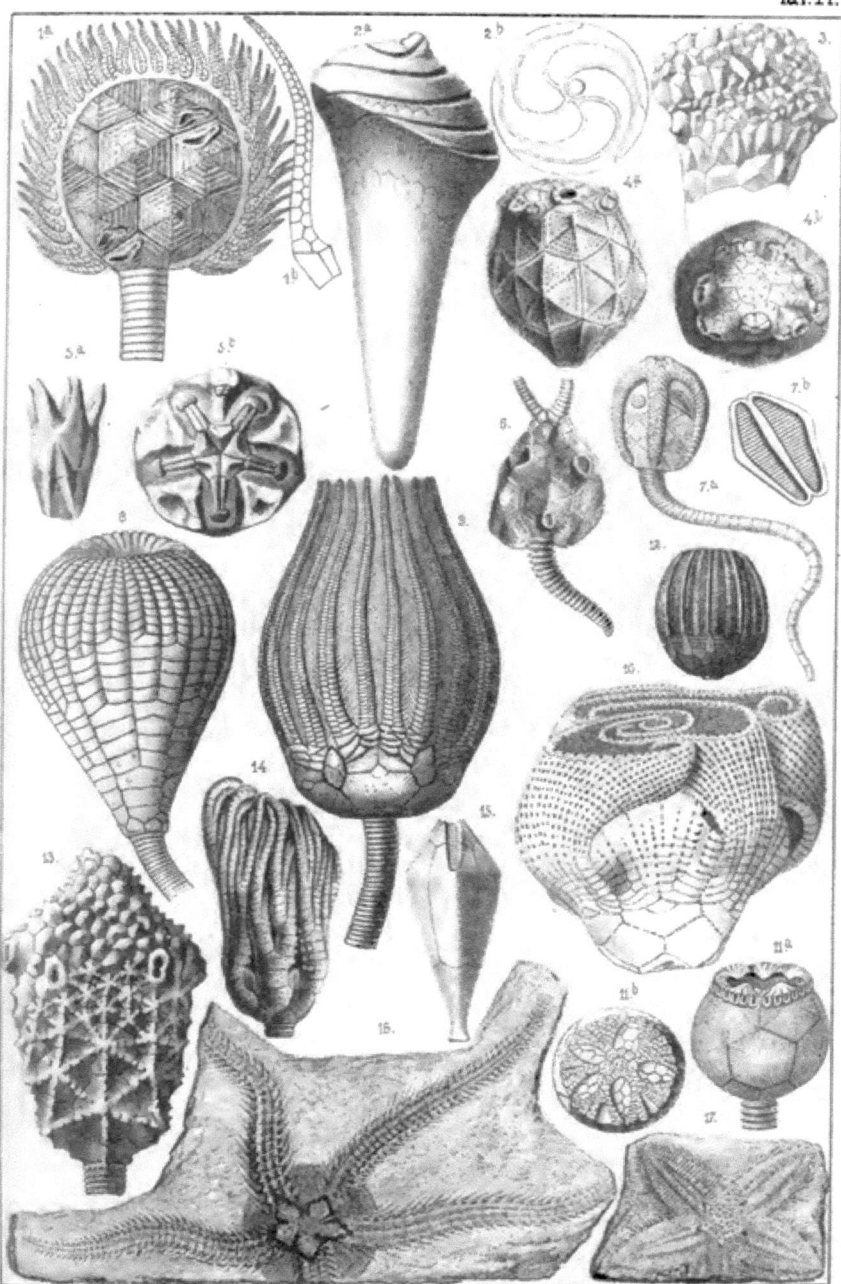

Lith.v F Schlotterbeck. Druck v. J.C.Henzier, Stuttgart.

Fig. 7a. *Pseudocrinus quadrifasciatus* PEARCE von Dudley in England. Nach einem im Breslauer Museum befindlichen Exemplare. Die Säule weicht in Länge und Form von der Beschreibung und Abbildung bei FORBES ab.

7b. Vergrösserte Ansicht des quergestreiften in der Mitte getheilten rhombischen Feldes in der obern Hälfte des Kelches.

8. *Ichthyocrinus pyriformis* MORRIS *(Cyathocrinus pyriformis* PHILLIPS) von Dudley in England. Ansicht eines Exemplars des Breslauer Museums in natürlicher Grösse.

9. *Marsupiocrinus caelatus* PHILLIPS von Dudley. Nach einem Exemplar des Breslauer Museums.

10. *Anthocrinus Loveni* JOH. MÜLLER von der Insel Gotland. Ansicht des Kelches mit den Armen von der Seite. Der obere Theil der Arme ist quer durchschnitten, so dass die Einrollung der Arme ersichtlich wird. Kopie nach JOH. MÜLLER.

11a. *Crotalocrinus rugosus* AUSTIN *(Cyathocrinus rugosus* MILLER) von Dudley. Ansicht des Kelches von der Seite. Die Täfelchen der Kelchdecke fehlen zum Theil.

11b. Ansicht des Kelches von oben, gegen die flache Kelchdecke. Kopien nach SALTER.

12. *Eucalyptocrinus caelatus* HALL aus Decatur County im westlichen Theile des Staates Tennessee. Ein kleiner Kelch von der Seite.

13. *Lampterocrinus Tennesseensis* FERD. ROEMER aus Decatur County im westlichen Theile des Staates Tennessee. Ansicht des Kelchs von der Seite. Die Arme sind abgebrochen.

14. *Taxocrinus tuberculatus* PHILLIPS *(Cyathocrinites tuberculatus* MILLER) von Dudley. Der Kelch mit den Armen. Nach einem Exemplare des Bonner Museums.

15. *Pentatrematites Reinwardtii* TROOST von Brownsport im westlichen Theile des Staates Tennessee.

16. *Palaeocoma Marstoni* SALTER aus grauen Sandsteinschichten (»Lower Ludlow rocks«) von Church Hill bei Ludlow in England.

17. *Palaeocoma Colvini* SALTER von derselben Stelle wie die vorhergehende Art.

Tafel 12.

Ober-Silur.

Bryozoen und Brachiopoden.

Fig. 1a. *Ptilodictya lanceolata* LONSDALE von Wisby auf der Insel Gotland. Ansicht eines grossen Exemplars. Dasselbe ist wie gewöhnlich nach der die beiden Zellenlagen trennenden blätterigen dünnen Mittelschicht der Länge nach getheilt und man sieht gegen die Rückseite der einen Zellenlage. Die Zellen stehen in geraden parallelen Längsreihen und, erscheinen, weil sie in den angrenzenden Längsreihen alternirend stehen, zugleich in schiefen von der Mittellinie nach den Rändern verlaufenden Querlinien angeordnet. In der Mitte sieht man nach oben konvexe bogenförmige Linien. Es sind dies Anwachsringe der die beiden Zellenlagen trennenden mittleren Zwischenschicht.

1b. Der Querschnitt des vollständigen Bryozoen-Stocks.

1c. Vergrösserte Ansicht desselben Querschnitts.

1d. Ein Stück von 1a vergrössert.

2a. *Pseudohornera diffusa* mihi (*Retepora diffusa* HALL) aus der »Niagara-Group« (= Wenlock-Kalk) von Lockport im Staate New-York. Ein Stück des ästig verzweigten Korallenstocks in natürlicher Grösse.

2b. Ein kleineres Stück vergrössert. Ansicht der zellentragenden Seite.

3a. *Fenestella nobilis* BARRANDE ined. von Konieprus in Böhmen. Ansicht des trichterförmigen Bryozoen-Stocks von der Seite.

3b. *Fenestella subantiqua* d'ORB. (*Fenest. antiqua* LONSDALE in MURCHISON's Sil.-Syst. t. 15, f. 16; non *Gorgonia antiqua* GOLDF.) aus dem Wenlock-Kalke von Dudley. Ein Fragment des trichterförmigen Bryozoen-Stocks in natürlicher Grösse.

3c. Dasselbe Fragment vergrössert.

4a. *Ptilodictya fenestrata* n. sp. von der Insel Gotland. In der unteren Hälfte ist der papierdünne blattförmige Bryozoen-Stock nach der die beiden Zellen-Lagen trennenden Mittelebene (wie gewöhnlich bei *Ptilodictya lanceolata*) getheilt, so dass man gegen die Rückseite der unteren Zellenlage sieht. In der oberen Hälfte ist die Aussenfläche der oberen Zellenlage erhalten. Nach einem Exemplare des Breslauer Museums.

4b. Ein Stück der oberen Hälfte vergrössert. Die Zellenöffnungen sind nur ungenau in der Zeichnung angegeben.

4c. Ein Stück der unteren Hälfte von Fig. 4a. Die bogenförmigen Anwachsringe der die beiden Zellenlagen trennenden dünnen Zwischenschicht lassen die die

Roemer, lethaea palaeoz.

Taf: 12.

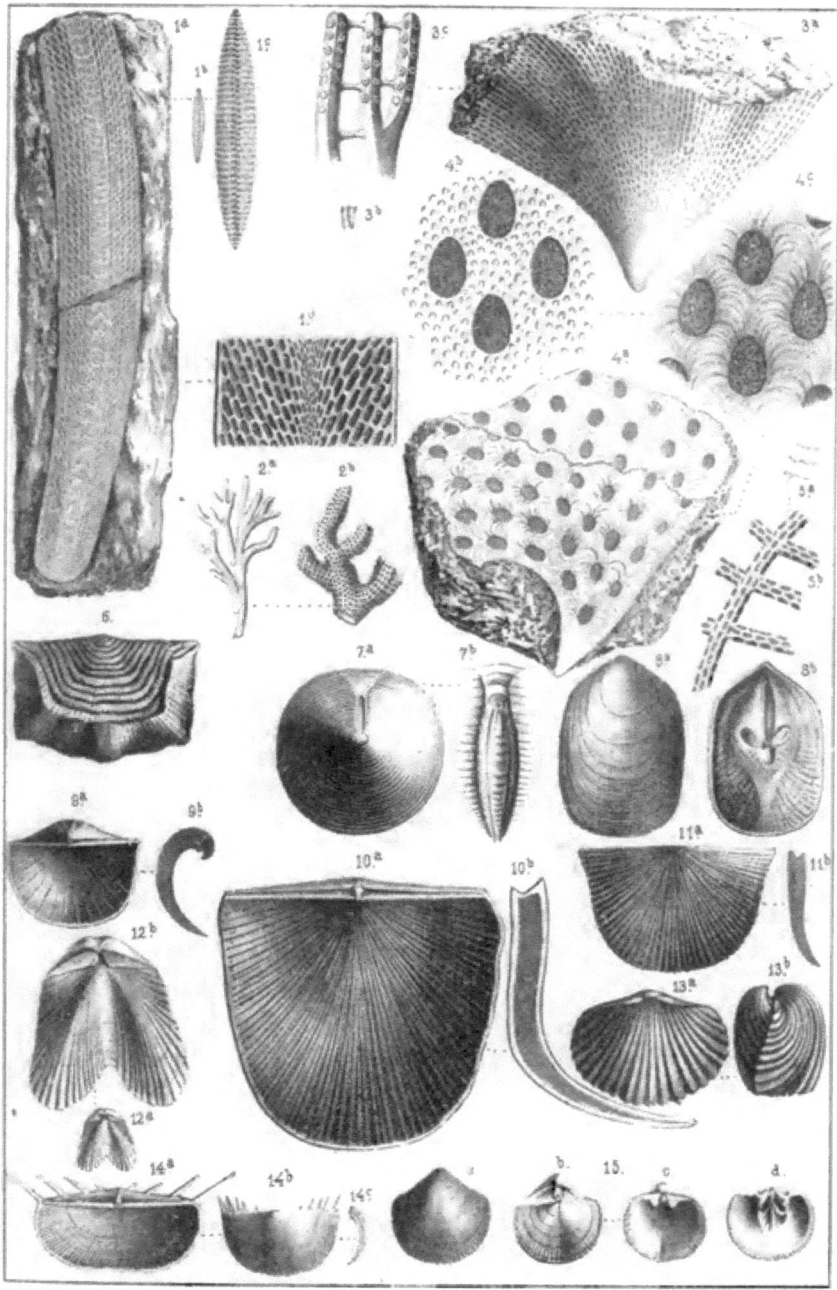

ovalen Maschen umfassenden Flächen **gewölbt** erscheinen, **während** sie in Wirklichkeit völlig eben sind.

Fig. 5a. *Penniretepora disticha* d'Orbigny (*Glauconome disticha* Goldfuss) von Dudley in **England**. Ein Stück des Bryozoen-Stocks in natürlicher Grösse.

5b. **Dasselbe vergrössert.**

6. *Strophomena* **depressa** Vanuxem (*Producta depressa* **Sow.**; *Producta rugosa* Hisinger) von Dudley. Ansicht gegen **die grössere Klappe.**

7a. *Orbiculoidea Forbesii* Davidson aus dem **Wenlock-Kalke** der **Malvern Hills**. Ansicht **der** durchbohrten Klappe.

7b. Vergrösserte Ansicht des Schlitzes. Kopien nach Davidson.

8a. *Lingula Lewesii* Sowerby aus dem Aymestry-Kalk von Sedgley. Ansicht der grösseren Klappe.

8b. Innenseite derselben. Kopien nach Davidson.

9a. *Leptaena transversalis* Dalman **von** Dudley. **Ansicht** gegen die kleinere konkave Klappe.

9b. Senkrechter Querschnitt durch **die** Mitte der vereinigten **Klappen. Kopien** nach Davidson.

10a. *Strophomena euglypha* M'Coy (*Leptaena euglypha* Hisinger) aus dem Wenlock-Kalke **von** Dudley. Ansicht gegen **die** konkave durchbohrte Klappe (Ventral-Klappe).

10b. Senkrechter Durchschnitt **durch** die Mitte der vereinigten **Klappen. Kopien** nach Davidson.

11a. *Strophomena* **pecten** Phillips et Salter (*Anomia pecten* Linné) aus den »Wenlock shales« der Pentland Hills in Schottland.

11b. **Senkrechter Durchschnitt durch die Mitte** der vereinigten Klappen. Kopien nach Davidson.

12a. *Orthis biloba* Davidson (*Anomia* **biloba** Linné; *Terebratula cardiospermiformis* Hisinger) von Dudley.

12b. Vergrössert. Kopien nach Davidson.

13a. *Orthis (Platystrophia) lynx* (*Orthis biforata* Davidson) var. von Dudley. Ansicht gegen die nicht durchbohrte gewölbtere Klappe.

13b. Ansicht im Profil.

14a. *Chonetes striatella* De Koninck (*Orthis striatella* Dalman; *Leptaena lata* L. v. Buch) von der **Insel Gotland**. Ansicht gegen **die** grössere Klappe.

14b. **Durchschnitt** durch die Mitte der vereinigten Klappen.

14c. Grosses Exemplar von Ludlow. Ansicht gegen die kleinere **konkave** Klappe. Kopie nach Davidson.

15a. *Orthis elegantula* Dalman von der Insel Gotland. Ansicht gegen die grössere Klappe.

15b. Ansicht gegen die kleinere Klappe.

15c. **Die Innenseite der grösseren Klappe.**

15d. **Die Innenseite der kleineren Klappe.**

Tafel 13.

Ober-Silur.
Brachiopoden.

Fig. 1a. *Meristella tumida* HALL (*Atrypa tumida* DALMAN) von Dudley.
   1b. *Merista herculea* SUESS (*Terebratula herculea* BARRANDE) von Konieprus bei Beraun in Böhmen; von vorn gesehen; der sogen. Schuhheber, d. i. die gekrümmte Lamelle im Inneren der grösseren Klappe ist sichtbar, indem das darüber liegende Stück Gesteinsmasse und Schale durch Herausspalten entfernt ist.
   1c. Ein anderes Exemplar derselben Art vorn abgeschnitten, so dass die Zahnleisten und der Schuhheber im Durchschnitt sichtbar werden.
 2a. *Atrypa reticularis* DALMAN von Dudley. Ansicht von der Seite.
   2b. Ansicht gegen die kleinere Klappe.
 3a. *Pentamerus Knightii* SOWERBY aus dem »Aymestry-Kalke« von Aymestry in England. Ansicht von der Seite.
   3b. Ansicht eines nach der medianen Längsscheidewand der grösseren Klappe gespaltenen Exemplars.
 4. *Pentamerus galeatus* CONRAD (*Atrypa galeata* DALMAN) von Dudley.
 5a. *Pentamerus conchidium* BRONGNIART (*Gypidia conchidium* DALMAN) von Klinteberg auf der Insel Gotland. Ansicht von der Seite.
   5b. Ansicht der Innenseite der grösseren Klappe.
 6a. *Rhynchonella Wilsoni* DAVIDSON (*Terebratula Wilsoni* SOWERBY; *Terebratula lacunosa* DALMAN) von Dudley; Ansicht von der Seite.
   6b. Ansicht gegen die Stirn.
 7. *Rhynchonella borealis* SALTER (*Terebratula plicatella* DALMAN; *Terebratula borealis* SCHLOTHEIM) aus dem Wenlock-Kalke von Longhope. Kopie nach DAVIDSON.
 8. *Atrypa prunum* DALMAN von der Insel Gotland. Kleines Exemplar.
 9a. *Rhynchonella cuneata* EICHWALD (*Terebratula cuneata* DALMAN) von Dudley. Ansicht gegen die kleinere (Dorsal-) Klappe.
   9b. Ansicht von der Seite. Kopien nach DAVIDSON.
10a. *Eichwaldia Capewelli* DAVIDSON von Dudley. Ansicht gegen die grössere durchbohrte Klappe.
   10b. Senkrechter mittlerer Durchschnitt.
   10c. Ein Stück der Oberfläche der Schale vergrössert. Kopien nach DAVIDSON.

Roemer, lethaea palaeoz.

Taf: 13.

Lith.v. F Schnotterbeck.

Druck v. J. G. Henzler, Stuttgart.

Fig. 11. *Spirifer cyrtaena* SALTER (*Delthyris cyrtaena* DALMAN; *Spirifer interlineatus* SOWERBY) von Dudley. Kopie nach DAVIDSON.

12 a. *Trimerella* sp. von Fårö bei der Insel Gotland. Steinkern der grösseren Klappe.
12 b. Ansicht der Innenseite der grösseren Klappe. Kopien nach LINDSTRÖM.

13. *Spirifer (Cyrtia) exporrectus* DALMAN (*Cyrtia trapezoidalis* HISINGER) von Dudley.

Tafel 14.

Ober-Silur.
Lamellibranchiaten und Gastropoden.

Fig. 1. *Pterinea retroflexa* (*Avicula retroflexa* HISINGER) von Bursvik am Südende der Insel Gotland; Ansicht der linken Klappe.
2 a. *Lucina prisca* BRONN (*Tellina prisca* HISINGER) von der Insel Gotland. Steinkern; Ansicht gegen die linke Klappe.
2 b. Im Profil von oben gesehen.
3 a. *Grammysia cingulata* SALTER (*Nucula cingulata* HISINGER) von Dudley.
3 b. Von oben gegen die Wirbel gesehen. Kopien nach SALTER.
4. *Actinodonta cuneata* PHILLIPS von Marloes Bay in England. Kopie nach PHILLIPS.
5. *Pterinea reticulata* (*Avicula reticulata* HISINGER) von der Insel Gotland. Ansicht der rechten Klappe.
6 a. *Cardiola interrupta* SOWERBY von Branik bei Prag; von vorn gesehen.
6 b. Die rechte Klappe von der Seite.
7. *Pterinea (?) planulata* CONRAD von Dudley. Kopie nach PHILLIPS.
8. *Euomphalus catenulatus* HISINGER von der Insel Gotland.
9 a. *Euomphalopterus alatus* mihi (*Euomphalus alatus* HISINGER) von Wisby auf der Insel Gotland; von der Seite gegen die Mündung gesehen.
9 b. Von unten gesehen. Die hier zunächst für diese Art errichtete Gattung *Euomphalopterus* ist durch einen schneidig zusammengedrückten Saum am Aussenrande der Umgänge ausgezeichnet, welcher auf der scharfen Kante von feinen Poren durchbohrt ist. Die Poren sind, wie man sich durch Anschleifen überzeugt, die Mündungen von rückwärts gewendeten in die Höhlung der Umgänge einmündenden Kanälen.
10. *Acroculia anguis* (*Capulus anguis* BARR.) von Lochkow in Böhmen.
11. *Murchisonia cingulata* M'COY (*Turritella cingulata* HISINGER) von der Insel Gotland; Steinkern mit aufgewachsener Aulopora.
12. *Euomphalus funatus* SOWERBY von der Insel Gotland.
13. *Euomphalus centrifugus* BRONN (*Turbinites centrifugus* WAHLENB.) von Grogarn auf der Insel Gotland.
14. *Cyclonema brevispira* n. sp. von Wisby auf der Insel Gotland. Nach einem Exemplare des Breslauer Museums.
15 a. *Gastropod. genus.* Deckel (operculum) von der Insel Gotland; im Profil gesehen.

Roemer, lethaea palaeoz. Taf. 14

Lith. v. F. Schlotterbeck. Druck v. J. C. Henzler, Stuttgart.

      15 b. **Innenfläche.**
      15 c. Aussenfläche.

Fig. 16. *Cornulites serpularius* SCHLOTHEIM **von D**udley
   17 a. *Tentaculites ornatus* SOWERBY von Dudley. Ein Kalkstück **mit** zahlreichen Exemplaren auf der Oberfläche.
      17 b. Ein einzelnes **Exemplar** in natürlicher Grösse.
      17 c. Dasselbe **vergrössert.**

Tafel 15.

Ober-Silur.
Cephalopoden.

Fig. 1a. *Cyrtoceras corbulatum* BARRANDE von Dworetz bei Prag. Aus BARRANDE's Stockwerk E. Ansicht von der Seite. Am dünneren oberen Ende fehlt die Schale und es sind deshalb hier die Nähte der Kammerwände sichtbar.
1a. Ansicht der konkaven Fläche einer Kammerwand mit dem fast randlichen Sipho. Kopien nach BARRANDE.

2a. *Phragmoceras ventricosum* SOWERBY von der Insel Gotland. Ansicht eines jungen Exemplars von der Seite.
2b. Skizze des mittleren Durchschnitts durch einen Theil der Kammern, um die der konkaven Seite der Krümmung genäherte Lage des Sipho zu zeigen.

3. *Phragmoceras Broderipi* BARRANDE von Lochkow in Böhmen. Aus BARRANDE's Stockwerk E. Ansicht gegen die zweitheilige Mündung.

4. *Gyroceras alatum* BARRANDE aus weissem Kalk (BARRANDE's Stockwerk F.) von Konieprus in Böhmen. An einer Stelle des letzten Umgangs fehlt die Schale, wodurch die beiden letzten Kammerwände sichtbar werden.

5a. *Lituites (Ophiodioceras) simplex* BARRANDE aus Schichten von BARRANDE's Stockwerk E bei Prag.
5b. Ansicht der dreilappigen Mündung. Kopien nach BARRANDE.

6. *Trochoceras placidum* BARRANDE aus Schichten von BARRANDE's Stockwerk E von Butowitz bei Prag. Ansicht eines kleineren Exemplars von der Seite. Kopie nach BARRANDE.

7a. *Nothoceras Bohemicum* BARRANDE von Hlubocep bei Prag. Aus BARRANDE's Schichtenfolge Gg[3]. Ansicht eines kleineren als Steinkern erhaltenen Exemplars gegen die Mündung.
7b. Querschnitt des letzten Umgangs mit dem fast randlichen Sipho. Kopien nach BARRANDE.

8a. *Hercoceras mirum* BARRANDE von Klukowitz bei Prag. Aus BARRANDE's Schichtenfolge Gg[3]. Ansicht eines Exemplars mittlerer Grösse von der Seite. Die Stacheln sind abgebrochen und nur die Bruchstellen sichtbar.
8b. Ansicht eines als Steinkern erhaltenen Exemplars gegen die konvexe Aussenfläche des letzten Umgangs. Die Nähte der Kammerwände und der Sipho sind sichtbar. Der letztere nur weil der Steinkern etwas abgerieben ist.
8c. Der Querschnitt des letzten Umgangs in der Nähe der Mündung von einem anderen Exemplar. Kopien nach BARRANDE.

Roemer, lethaea palaeoz. Taf: 15.

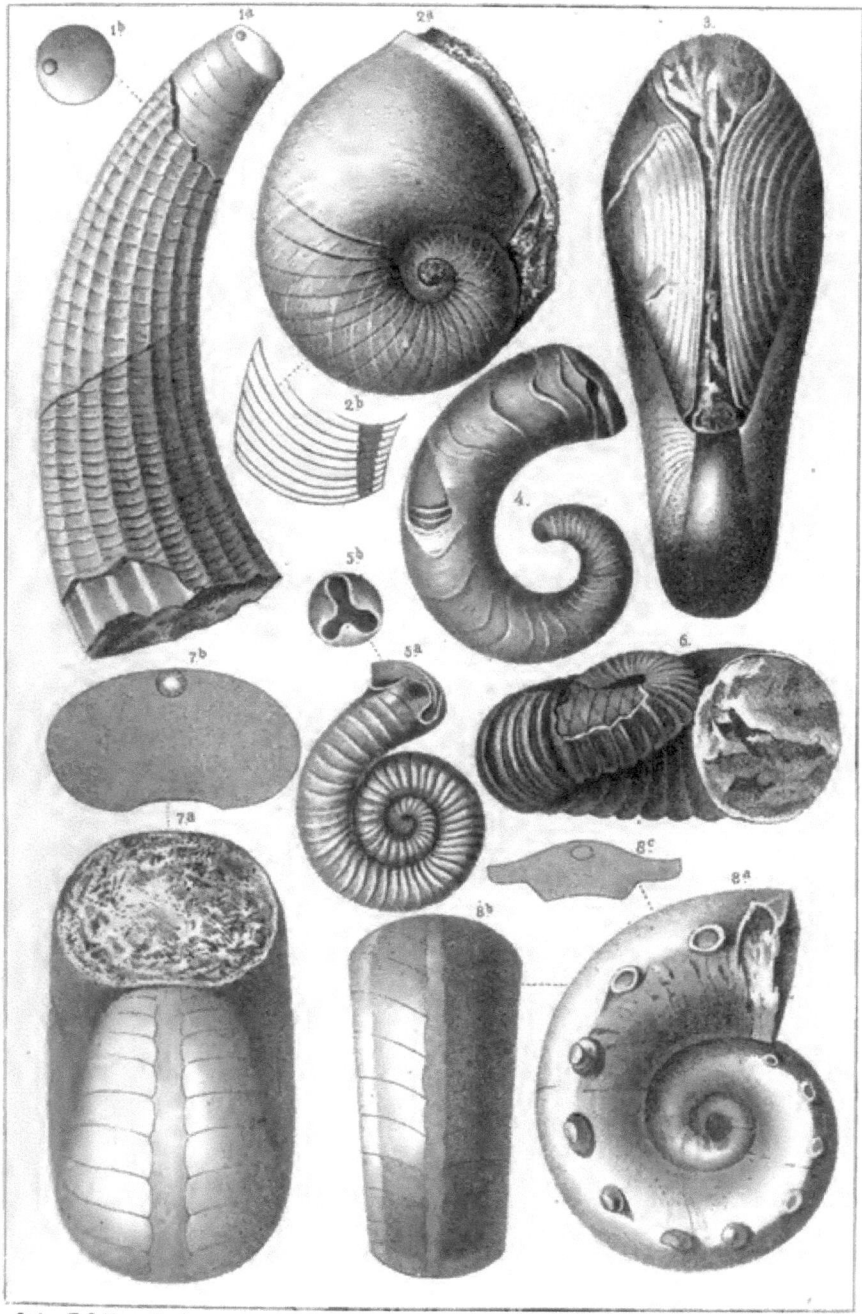

Lith.v F. Schlotterbeck. Druck v. J.C.Henzler, Stuttgart.

Tafel 16.

Ober-Silur.
Cephalopoden.

Fig. 1a. *Orthoceras Ariel* BARRANDE von Grosskuchel bei Prag. BARRANDE'S Stockwerk E.
1b. Ansicht der Kammerwand des unteren Endes mit dem Sipho. Kopien nach BARRANDE.

2a. *Orthoceras annulatum* SOWERBY (*Orthoceras undulatum* HISINGER) von der Insel Gotland.
2b. Die Kammerwand des unteren Endes mit dem Sipho.

3. *Huronia vertebralis* STOKES von der Drummond-Insel im Huronen-See in Nord-America. Ein aus zwei Gliedern bestehendes Stück des Sipho. Die Aussenwand des oberen Gliedes ist zum Theil zerbrochen.

4. *Orthoceras repetitum* BARRANDE von Butowitz in Böhmen. Aus BARRANDE'S Stockwerk E. Der Sipho und die Kammern mit Ausnahme der letzten oder Wohnkammer sind zum Theil mit Kalkspath ausgefüllt.

5. *Orthoceras cochleatum* SCHLOTHEIM (*Orthoceratites crassiventris* WAHLENBERG) von der Insel Gotland. Ansicht eines unvollständigen Exemplars, an welchem durch Entfernung der halben Aussenwand des Gehäuses der aus deprimirten Sphaeroiden bestehende Sipho sichtbar geworden ist. Nach einem Exemplare des Bonner Museums.

6a. *Gomphoceras Bohemicum* BARR. von Dworetz in Böhmen. Ansicht eines kleinen als Steinkern erhaltenen Exemplars von der Seite. Die auf dem Scheitel der Wohnkammer sichtbare Oeffnung ist der kleinere der Lage des Sipho entsprechende Theil der Mündung.
6b. Scheitelansicht der Wohnkammer mit der dreilappigen Mündung. Der rechts gelegene Theil der Mündung ist die kleinere Oeffnung.

7. *Orthoceras (Actinoceras) Bigsbyi* BRONN von Thessalon Island im Huronen-See in Nord-America. Ein Stück des Sipho mit dem in der Mitte desselben befindlichen mit radialen Ausläufern besetzten spitz konischen Körper. Nach BARRANDE ist der letztere lediglich die Gesteinsausfüllung des im Centrum des Sipho nach theilweiser Ausfüllung verbleibenden Kanals und die radialen Fortsätze Gesteinsausfüllungen der seitlichen kleinen Kanäle, welche von dem centralen Hohlraume ausliefen. Kopie nach SAEMANN.

8. *Bathomoceras praeposterum* BARRANDE von Vosek in Böhmen. Ein Stück des Gehäuses mit den winkelig nach vorwärts gerichteten Kammerwänden und

Roemer, lethaea palaeoz. Taf. 16.

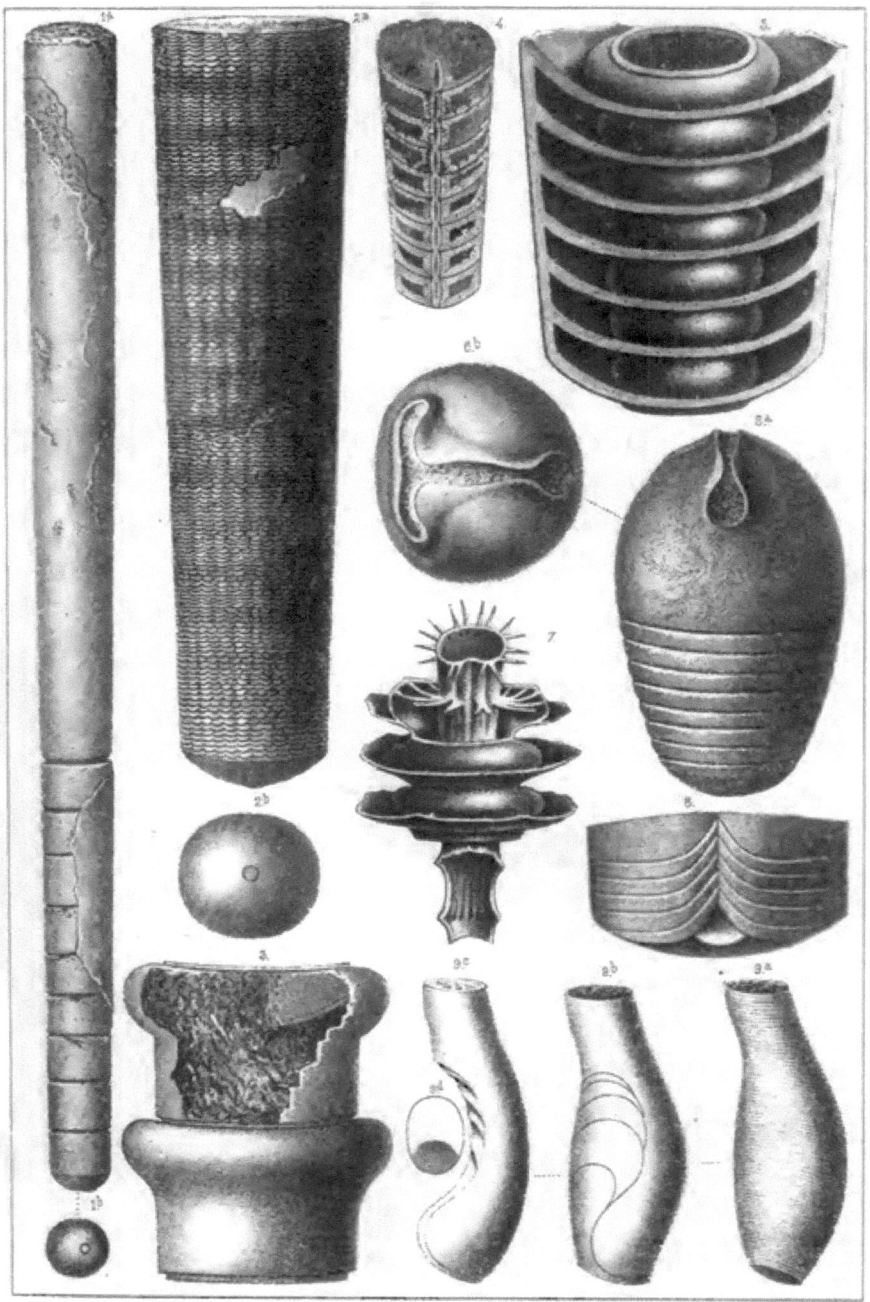

Lith.v. F Schlotterbeck. Druck v. J.C.Henzler, Stuttgart.

einem der düten- oder **trichterförmig in einander steckenden Elemente des Sipho**. Kopie nach BARRANDE.

Fig. 9a. *Ascoceras Bohemicum* BARRANDE von **Lochkow** in Böhmen. Aus BARRANDE'S Etage E. Ein **mit** der Schale erhaltenes **Exemplar von der Seite.**

9b. Ansicht **eines** Exemplars ohne **Schale von der Seite. Die Nähte der Luft-kammern sind** sichtbar.

9c. Ansicht der Wohnkammer von der Seite. **Die Luftkammern fehlen.**

9d. Querschnitt durch die Mitte des Gehäuses. **Der dunkel schraffirte Theil** ist der Querschnitt der Wohnkammer.

Tafel 17.

Ober-Silur.
Trilobiten.

Fig. 1a. *Acidaspis Prevostii* BARRANDE von Butowitz bei Prag. BARRANDE's Stockwerk E. Etwas vergrössert. Kopie nach BARRANDE.
1b. Vergrösserte Ansicht eines Rumpf-Segments mit den Dornen-tragenden Stacheln.

2. *Harpes ungula* BURMEISTER von Beraun in Böhmen. BARRANDE's Stockwerk E. Vollständiges Exemplar mit 26 Rumpf-Segmenten. Kopie nach BARRANDE.

3. *Harpes venulosus* CORDA von Konieprus in Böhmen. BARRANDE's Stockwerk F. Kopie nach BARRANDE.

4. *Bronteus Haidingeri* BARRANDE von Dlauha Hora bei Prag. Fast vollständig, nur auf der linken Hälfte des Schwanzschildes fehlt die Schale. Kopie nach BARRANDE.

5a. *Dalmania caudata* EMMRICH (*Asaphus caudatus* BRONGNIART) von Dudley.
5b. Ein Stück der Sehfläche des Auges mit den zum Theil ausgefallenen Linsen, vergrössert.

6. *Lichas scabra* BEYRICH von St. Iwan in Böhmen. BARRANDE's Stockwerk E. Die fehlenden Randschilder des Kopfes mit den verlängerten Hinterecken sind in Umriss ergänzt dargestellt. Auf der linken Aussenseite fehlt die äussere Schalschicht, so dass die feine Streifung der unteren Fläche sichtbar wird. Ergänzte Figur nach BARRANDE.

7a. *Cromus intercostatus* BARRANDE von Butowitz bei Prag. BARRANDE's Stockwerk E. Kopfschild.
7b. Schwanzschild.

8. *Encrinurus punctatus* EMMRICH (*Entomostracites punctatus* WAHLENBERG) von der Insel Gotland.
8b. Das Pygidium vergrössert.

9. *Sphaerexochus mirus* BEYRICH aus dem »Wenlock shale« des Malvern-Tunnel in England. Kopie nach SALTER.

10. *Ceraurus insignis* FERD. ROEMER (*Cheirurus insignis* BEYRICH) von Beraun in Böhmen. BARRANDE's Stockwerk E. Kopie nach BARRANDE.

11a. *Deiphon Forbesi* BARRANDE von St. Iwan in Böhmen. BARRANDE's Stockwerk E. Das Kopfschild stark vergrössert. Kopien nach BARRANDE.
11b. Natürliche Länge des Kopfschildes.

Roemer, lethaea palaeoz.   Taf. 17

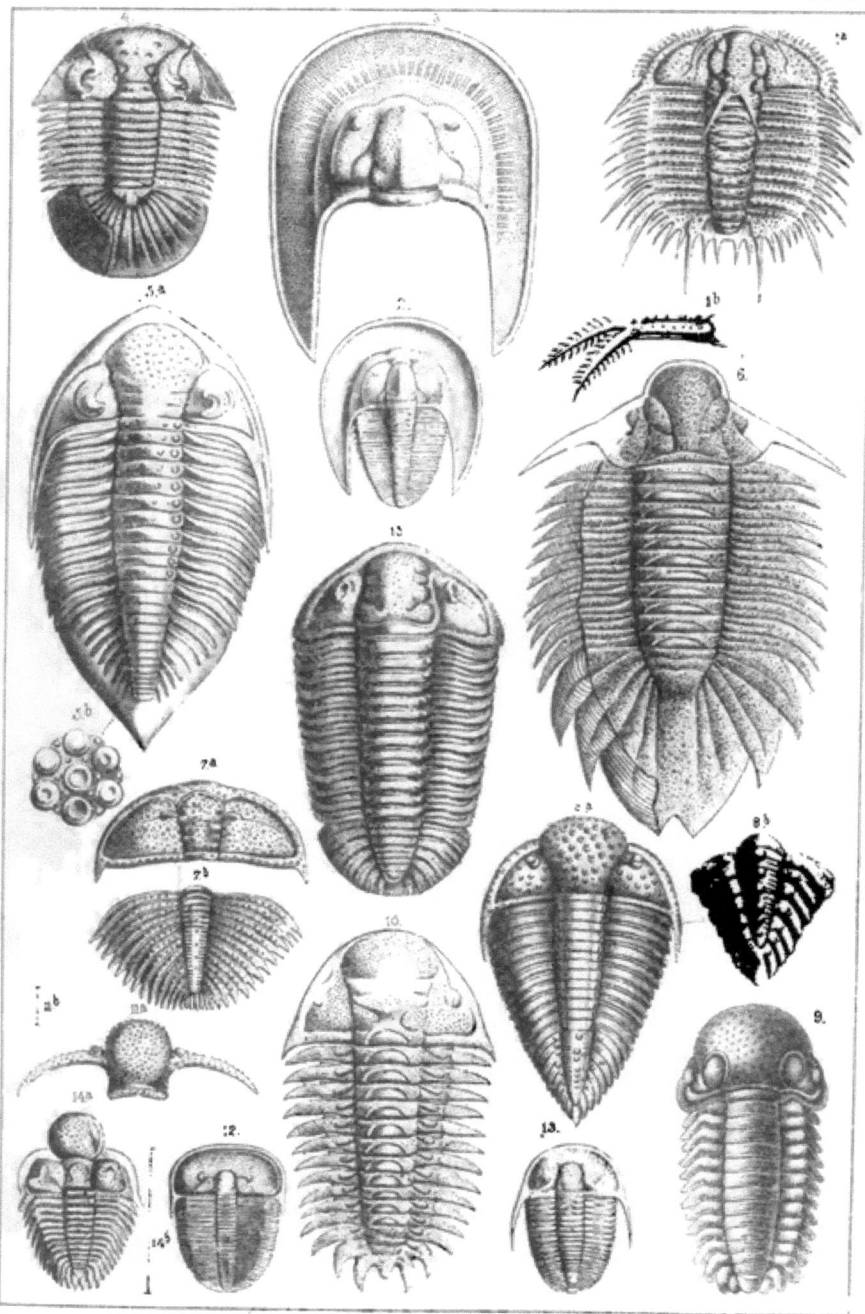

Lith. v. F. Schlotterbeck.   Druck v. J. C. Henzler, Stuttgart.

Fig. 12. *Arethusina Konincki* BARRANDE von Beraun in Böhmen. Basis von BARRANDE's Stockwerk E. Kopie nach BARRANDE.
  13. *Cyphaspis Burmeisteri* BARRANDE von St. Iwan in Böhmen. BARRANDE's Stockwerk E. Ein ausgewachsenes Exemplar mit 15 Rumpf-Segmenten. Kopie nach BARRANDE.
  14 a. *Staurocephalus Murchisoni* BARRANDE von Beraun in Böhmen. BARRANDE's Stockwerk E.; $1^1/_2$ fach vergrössert.
  14 b. Natürliche Länge.
  15. *Calymene Blumenbachii* BRONGNIART von Dudley.

Tafel 18.

Ober-Silur.

Merostomata d. i. Limulus-ähnliche Crustaceen.

Fig. 1a. *Pterygotus Anglicus* AGASSIZ aus dem Old red von Forfarshire. Restaurirte Figur des Körpers in $1/8$ natürlicher Grösse. (Das grösste bekannte Exemplar ist 4 Fuss lang). Kopie nach H. WOODWARD. Diese Figur ist wie die beiden folgenden Figuren 1b. und 1c., obgleich die betreffende Art im Old red vorkommt, auf diese Tafel gestellt, um die verschiedenen Formen der *Merostomata* oder *Limulus*-ähnlichen Crustaceen bequemer vergleichen zu können.

1b. Die Scheere der Scheeren-Antenne mit dem vorhergehenden Gliede in natürlicher Grösse. Nach einem Exemplare aus Forfarshire. Kopie nach HUXLEY und SALTER.

1c. Das fünfte Rumpf-Segment eines jungen Exemplars von Ballrudery Den in Perthshire. Kopie nach HUXLEY und SALTER. Die Figur ist irrthümlich umgedreht. Der konkave Rand ist der Hinterrand des Segments.

2a. *Neolimulus falcatus* H. WOODWARD (Geol. Magazine Vol. V, 1868, p. 1, Pl. 1, Fig. 1) aus den obersten Silurischen Schiefern (»uppermost Ludlow rocks«) von Lesmahagow in Lanarkshire. In natürlicher Grösse.

2b. Das Kopfschild vergrössert. Kopien nach H. WOODWARD.

3. *Slimonia acuminata* SALTER aus obersten Silurischen Schichten (»uppermost Ludlow rocks«) in Lanarkshire. Hinteres Endglied des Körpers in $1/3$ natürlicher Grösse. Kopie nach SALTER und H. WOODWARD.

4a. *Eurypterus remipes* DEKAY aus dünn geschichtetem feinkörnigen Dolomit bei Wita unweit Rootziküll auf der Insel Oesel vor der Mündung des Rigaer Meerbusens. Die linke Hälfte des vorderen Theils des Körpers in natürlicher Grösse.

4b. Skizze des Endgliedes des Unterleibes mit dem Stachel. Kopien nach NIESZKOWSKI.

5. *Hemiaspis limuloides* H. WOODWARD aus obersilurischen Schiefern in Shropshire. Kopie nach SALTER und WOODWARD.

Roemer, lethaea palaeoz. Taf: 18.

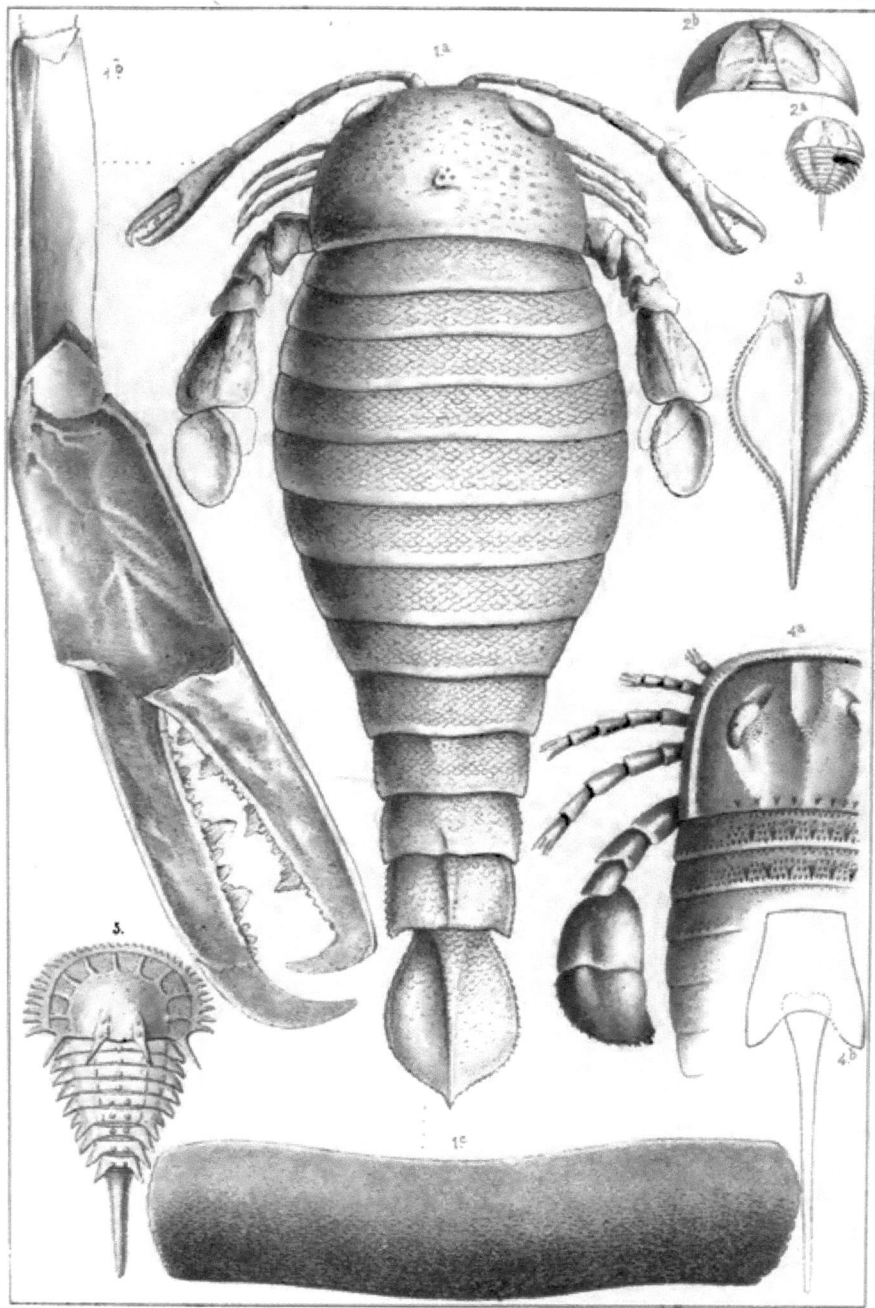

Lith.v. F. Schlotterbeck. Druck v. J.C.Henzler

Tafel 19.

Ober-Silur.

Crustaceen und Fische.

Fig. 1. *Serpulites longissimus* MURCHISON aus den »upper Ludlow rocks« von Abberley. Eine zusammengedrückte Anneliden-Röhre von ursprünglich lederartiger Beschaffenheit. Ein Stück der oft 20 Zoll langen Röhre.

2. *Trachyderma coriacea* PHILLIPS aus »upper Ludlow beds« der Abberley Hills in England. Die zusammengedrückte quer gerunzelte Röhre auf einem Schieferstück aufliegend. Kopie nach PHILLIPS.

3 a. *Aptychopsis primus* BARRANDE von Borek bei Prag. BARRANDE's Schichtenfolge Ee. Kleines Exemplar auf einem Schieferstück liegend.
3 b. Ein grösseres Exemplar ebendaher. Kopie nach BARRANDE.

4. *Ceratiocaris papilio* SALTER aus den »upper Ludlow rocks« von Lesmahagow in Lanarkshire.

5. *Ceratiocaris Scharyi* BARRANDE von Wohrada in Böhmen. Die drei Endstacheln des Hinterleibes an den Enden abgebrochen. Skizze. Kopie nach SALTER.

6. *Ceratiocaris Scharyi* BARRANDE von Wohrada in Böhmen. BARRANDE'S Schichtenfolge Ee^2. Die Segmente des Hinterleibes; die drei Endstacheln sind unvollständig. Kopie nach BARRANDE.

7 a. *Leperditia Baltica* R. JONES (*Cytherina Baltica* HISINGER) von der Insel Gotland. Ansicht gegen den Rücken der vereinigten Klappen.
7 b. Ansicht gegen die linke Klappe. Der übergreifende Rand der rechten Klappe ist sichtbar.
7 c. Ansicht der rechten Klappe.

8. *Leperditia (Isochilina) gigantea* FERD. ROEMER aus einem Diluvial-Geschiebe bei Lyck in Ost-Preussen. Die linke Klappe. Der Augenhöcker gross und deutlich. Kopie nach BARRANDE.

9 a. *Beyrichia tuberculata* BOLL. Ein als Diluvial-Geschiebe bei Berlin gefundenes Kalksteinstück mit regellos eingestreuten Exemplaren in natürlicher Grösse. Dasselbe Kalksteinstück enthält auch unvollständige Exemplare von *Chonetes striatella*.
9 b. Ein grosses Exemplar in natürlicher Grösse.
9 c. Dasselbe vergrössert.
9 d. Vergrösserte Ansicht gegen die Bauchseite der vereinigten Klappen.

10 a. *Cryptocaris pulchra* BARRANDE von Borek in Böhmen. BARRANDE's Stockwerk E. Exemplar mit der Schale in natürlicher Grösse.

Roemer, lethaea palaeoz. Taf: 19

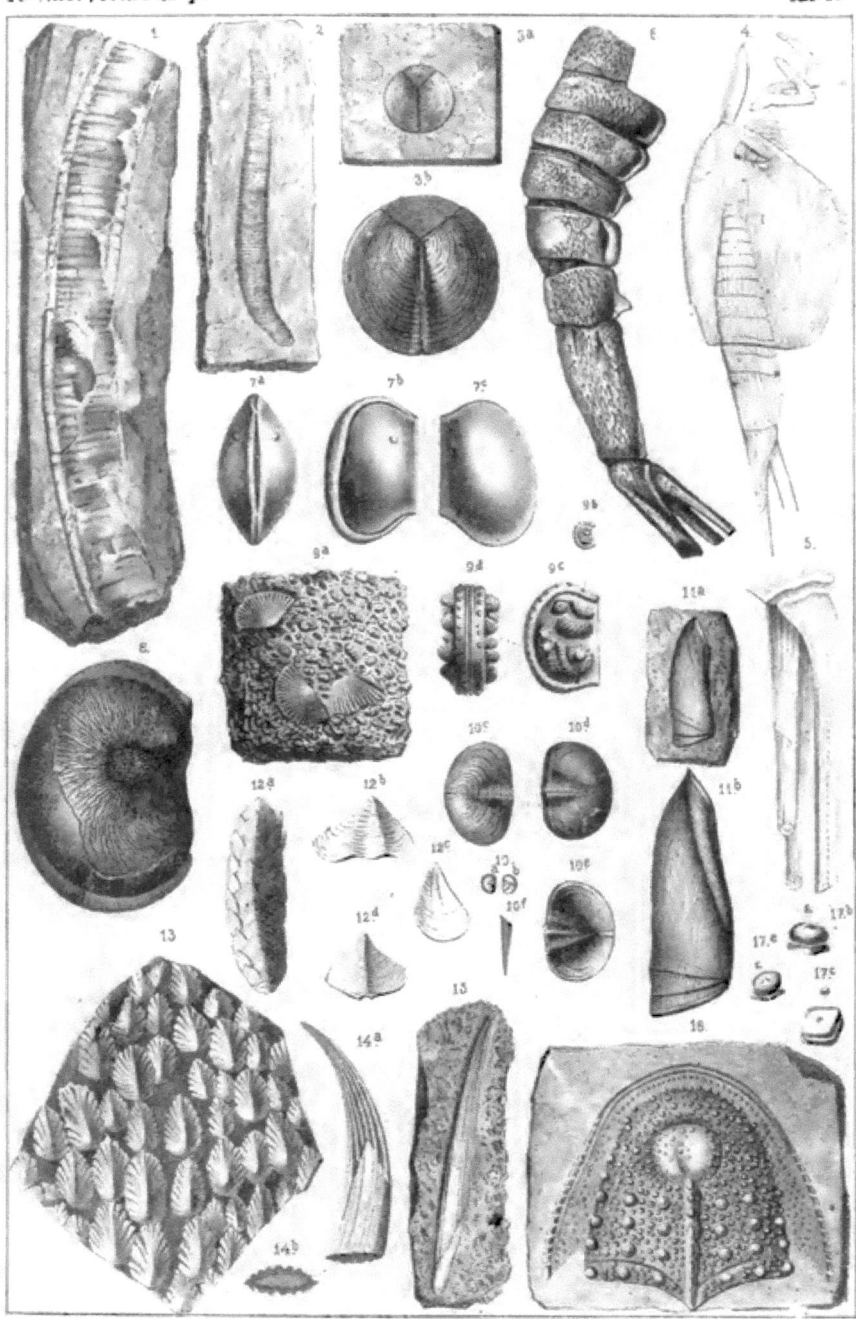

Lith.v F Schlotterbeck. Druck v. J.C.Henzler, Stuttgart.

10 b. Ein anderes als Steinkern erhaltenes Exemplar mit einzelnen Stücken der Schale.

10 c. Vergrösserung von 10 a.

10 d. Vergrösserung von 10 b. Kopie nach BARRANDE.

10 e. Vergrösserte Ansicht der Innenseite einer Klappe.

Fig. 11 a. *Anatifopsis prima* BARRANDE von Wosek in Böhmen. Auf einem Schieferstück.

11 b. Vergrössert. Kopien nach BARRANDE. Da die Art in BARRANDE'S Stockwerk D vorkommt, so gehören die Figuren eigentlich auf Taf. 8.

12 a. *Plumulites Wrightii* BARRANDE (*Turrilepas Wrightii* H. WOODWARD) (Genus Cirripediorum aus dem »Wenlock shale« von Dudley. Kopie nach H. WOODWARD.

12 b, 12 c, 12 d. Einzelne Schalstücke verschiedener Form vergrössert.

13. *Lophosteus superbus* PANDER von Ohhesaar auf der Insel Oesel. Eine einzelne Schuppe vergrössert. Kopie nach PANDER.

14 a. *Onchus curvatus* PANDER aus den obersten Silurischen Schichten der Insel Oesel. Flossenstachel.

14 b. Querschnitt desselben. Kopien nach PANDER.

15. *Onchus tenuirostratus* AGASSIZ aus dem »bone bed« (dünne Knochen-Breccien-Schicht) der »upper Ludlow rocks« bei Ludlow. Flossenstachel.

16. *Cephalaspis (Thyestes) verrucosus* EICHWALD aus obersten Silurischen Schichten von Rootsiküll auf der Insel Oesel vor der Mündung des Rigaer Meerbusens. Der mittlere Theil des Kopfes. Kopie nach PANDER.

17 a. *Thelodus parvidens* AGASSIZ aus dem »bone bed« der »upper Ludlow rocks« bei Ludlow. Knochenstückchen der chagrin-artigen Hautbedeckung von *Onchus* (?). In natürlicher Grösse und vergrössert.

17 b und 17 c. Dessgleichen in natürlicher Grösse und vergrössert. Kopien nach AGASSIZ.

Tafel 20.

Unter-Devon.
(Old red sandstone)
Fische.

Fig. 1a. *Coccosteus decipiens* AGASSIZ von den Orkney-Inseln. Der aus einzelnen durch Nähte verbundenen Knochenschildern zusammengesetzte Panzer, wie er durch PANDER rekonstruirt worden ist. Ansicht von oben. Wie die übrigen Figuren der Tafel Kopien nach PANDER.
1b. Das mittlere Schild der unteren Fläche des Panzers (PANDER'S os ventrale medium).
1c. Ein Stück der Oberfläche eines Knochenschildes vergrössert.
1d. Der Unteraugenhöhlenknochen (os infraorbitale).
1e. Ein Kiefer.
1f. Das mittlere Rückenschild (os dorsale medium).
1g. Das Gelenkstück des Rückens (os articulare dorsi).
1h. Verkleinerte Ansicht des Panzers und der Wirbelsäule in der von PANDER ausgeführten Restauration.

Roemer, lethaea palaeoz. Taf 20.

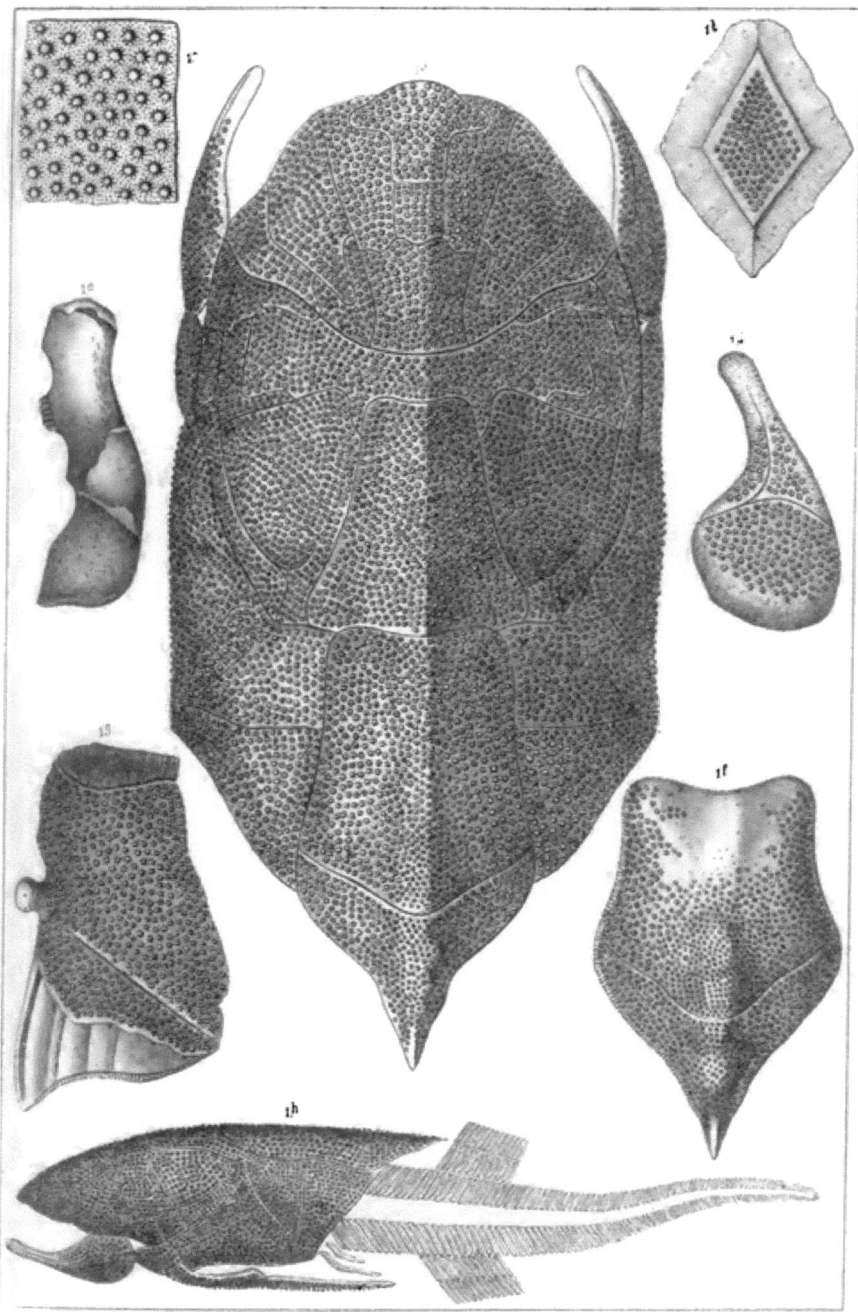

Tafel 21.

Devon.
(Old red sandstone.)

Fische.

Fig. 1a. *Asterolepis cornutus* PANDER *(Pterichthys cornutus* AGASSIZ*)* von Lethenbar in Schottland. Restaurirtes Exemplar nach PANDER.
1b. Ein Schwanzschild oder Stachel.
1c. Ein seitliches Knochenschild der Ruder-Organe.
1d. Ein Stück der Oberfläche des letzteren.
2. *Homostius Asmusi* PANDER *(Asterolepis Asmusi* AGASSIZ*)* von Stromness auf der Insel Pomona (Orkney-Inseln). Ansicht des Kopfes von oben. Kopie nach HUGH MILLER.
3. *Scaphaspis Lloydii* LANKESTER aus Herefordshire.
4. *Pteraspis Crouchii* SALTER von Ludlow. Restaurirte Ansicht des Kopfschildes. Kopie nach LANKESTER.
5. *Pteraspis rostratus* HUXLEY *(Cephalaspis rostratus* AGASSIZ*)*. Ein Stück der Oberfläche des Kopfschildes vergrössert.
6a. *Eucephalaspis Lyellii* LANKESTER *(Cephalaspis Lyellii* AGASSIZ*)* aus Herefordshire. Ansicht eines kleinen Exemplars von der Seite.
6b. Der Kopf im Profil.
6c. Zwei grosse Schuppen von den Seitenflächen des Körpers vergrössert. Kopien nach MURCHISON.

Roemer, lethaea palaeoz. Taf. 21.

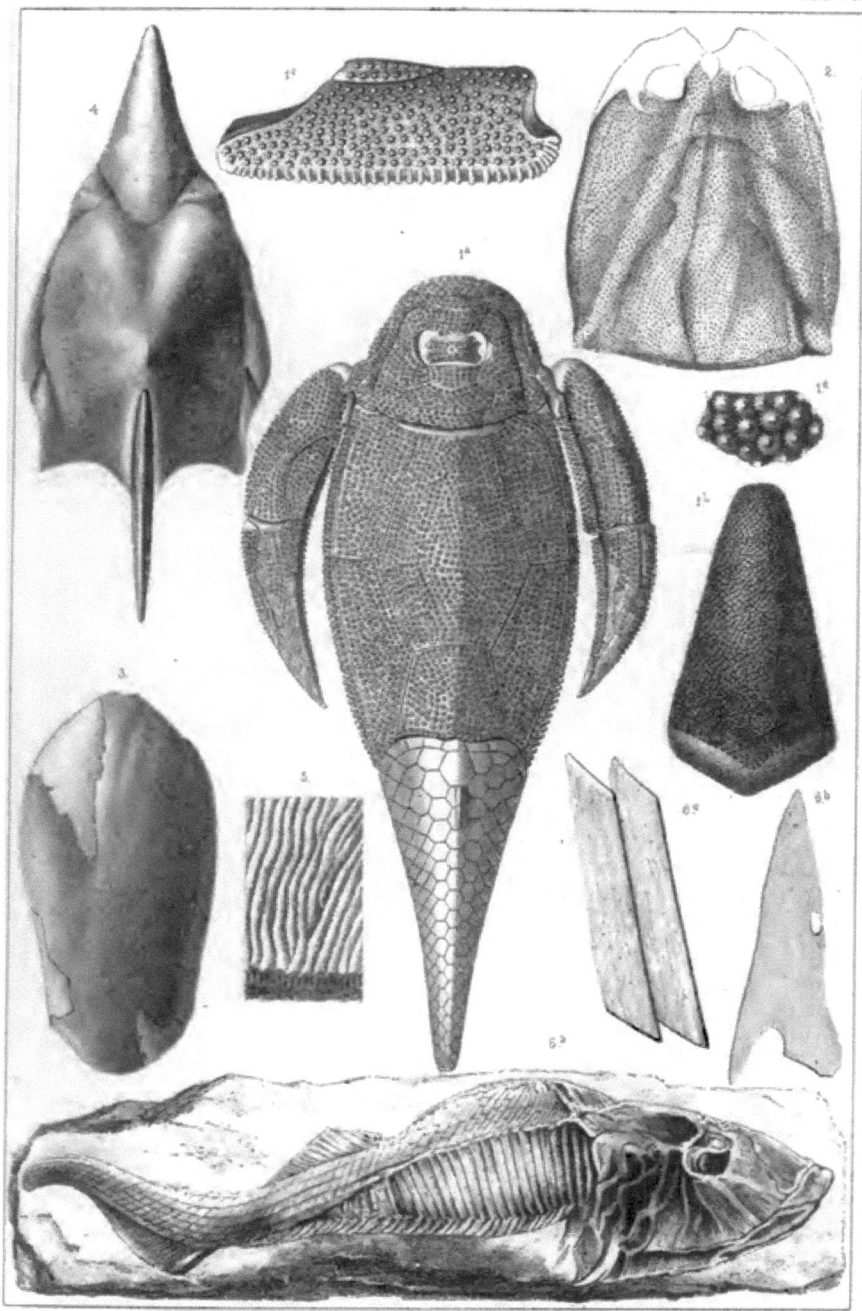

Tafel 22.

Devon.
(Old red sandstone.)

Fische.

Fig. 1. *Dipterus Valenciennesii* SEDGWICK et MURCHISON von Caithness in Schottland. Restaurirte Figur in $1/2$ nat. Grösse. Kopie nach PANDER.

2. *Osteolepis macrolepidotus* VAL. et PENTL. von den Orkney-Inseln. Restaurirte Figur nach PANDER verkleinert.

3. *Glyptolaemus Kinnairdii* HUXLEY von Dura Den. Restaurirte Figur in verkleinertem Maasstabe nach HUXLEY.
   3 b. Eine einzelne Schuppe vergrössert.

4 a. *Holoptychius nobilissimus* AGASSIZ von Elgin in Schottland. Restaurirte Figur in verkleinertem Maasstabe. Kopie nach HUXLEY.
   4 b. Eine einzelne Schuppe in natürlicher Grösse. Kopie nach AGASSIZ.

5 a. *Diplacanthus gracilis* EGERTON von Farnell in Forfarshire (Schottland).
   5 b. Einige Schuppen vergrössert. Kopien nach EGERTON.

6 a. *Dendrodus biporcatus* OWEN vom Aa-Flusse in Livland. Ein Zahn von der Seite gesehen.
   6 b. Querschnitt des Zahns.
   6 c. Vergrösserter Querschnitt des Zahns in der Nähe der Basis mit der feineren Skulptur. Kopien nach PANDER.

7 a. *Polyplocodus incurvus* PANDER aus Livland. Ein Zahn von der Seite.
   7 b. Ein Zahn von unten.

8 b. Ein Stück des vergrösserten Querschnitts des Zahns. Kopien nach PANDER.

Roemer, lethaea palaeoz. Taf: 22.

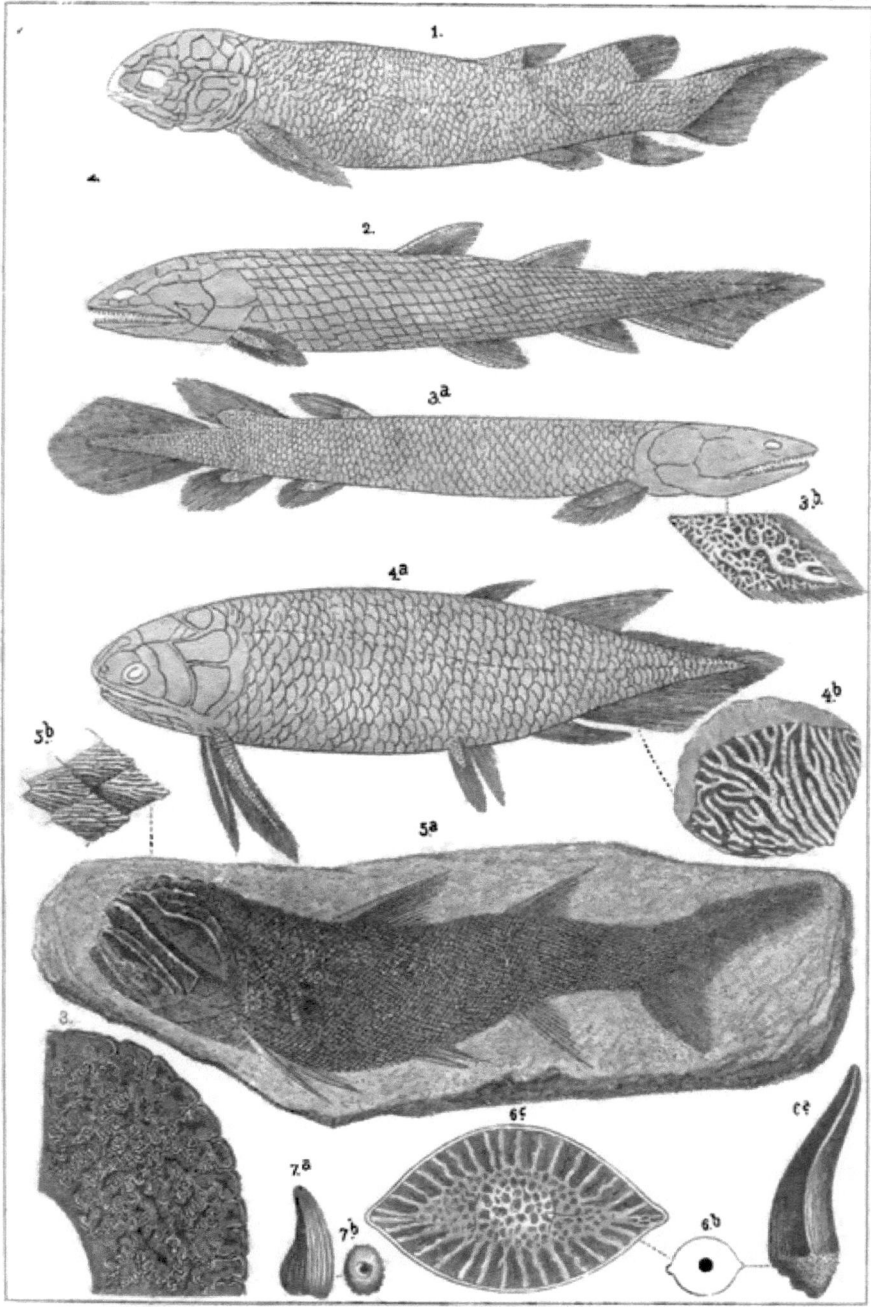

Lith.v. F. Schlotterbeck. Druck v. J. C. Henzler, Stuttgart.

Tafel 23.

Unter-Devon.
(Coblenzer Grauwacke.)
Krinoiden, Korallen und Brachiopoden.

Fig. 1. *Pleurodictyum problematicum* GOLDFUSS von Daun in der Eifel. Ansicht des Steinkerns von unten. In der Mitte der gekrümmte *Serpula*-ähnliche Körper, an welchen sich der Korallenstock meistens zuerst befestigte und welchen er nachher überwuchs.

2a. *Pleurodictyum Americanum* n. sp. aus sandig thonigen Schichten (»Hamilton Group« der New-Yorker Staats-Geologen). Ansicht in natürlicher Grösse von oben.

2b. Von der Seite. Nach einem von dem Verfasser selbst gesammelten Exemplar des Breslauer Museums. Die generische Identität mit der Rheinischen Art ist zweifellos und der Gattungs-Character von *Pleurodictyum* wird allen anderen bis in die jüngste Zeit von vielen Seiten aufrecht erhaltenen Deutungen von der angeblich wunderbaren Natur dieser Körper gegenüber durch diese Art noch bestimmter dahin festgestellt, dass *Pleurodictyum* in die nächste Verwandtschaft von *Calamopora (Favosites)* gehört. Mit solchen kleinen Formen wie z. B. *Calamopora Forbesi* (vergl. Taf. 9, Fig. 5a—c) ist *Pleurodictyum* zunächst zu vergleichen. Der Mangel von Querscheidewänden oder Böden in den Zellen und die unregelmässig (nicht in geraden Längsreihen!) stehenden Verbindungsporen zwischen den angrenzenden Zellen sind allein von *Calamopora (Favosites)* unterscheidend.

3a. *Elaeacrinus Verneuilii* FERD. ROEMER von Louisville im Staate Kentucky, Nord-America. Ansicht des Kelchs von der Seite.
3b. Scheitelansicht.

4. *Melocrinus typus* L. SCHULTZE (*Ctenocrinus typus* BRONN) von Daun in der Eifel. Ansicht des Kelchs mit dem oberen Ende der Säule. Nach einem Guttapercha-Abgusse des Hohldrucks im Breslauer Museum.

5. *Rensselaeria strigiceps* KAYSER (*Terebratula strigiceps* FERD. ROEMER) aus Grauwackensandstein vom Haigerseelbachskopf im Siegen'schen.

6. *Meganteris Archiaci* SUESS von Prüm in der Eifel. Durch Aufbrechen der kleineren Klappe ist das Armgerüst sichtbar geworden. Kopie nach SUESS.

7. *Rhynchonella Daleidensis* FERD. ROEMER von Daleiden unweit Prüm in der Eifel. Ansicht des Steinkerns von der Seite.

Roemer. lethaea palaeoz.

Taf. 23.

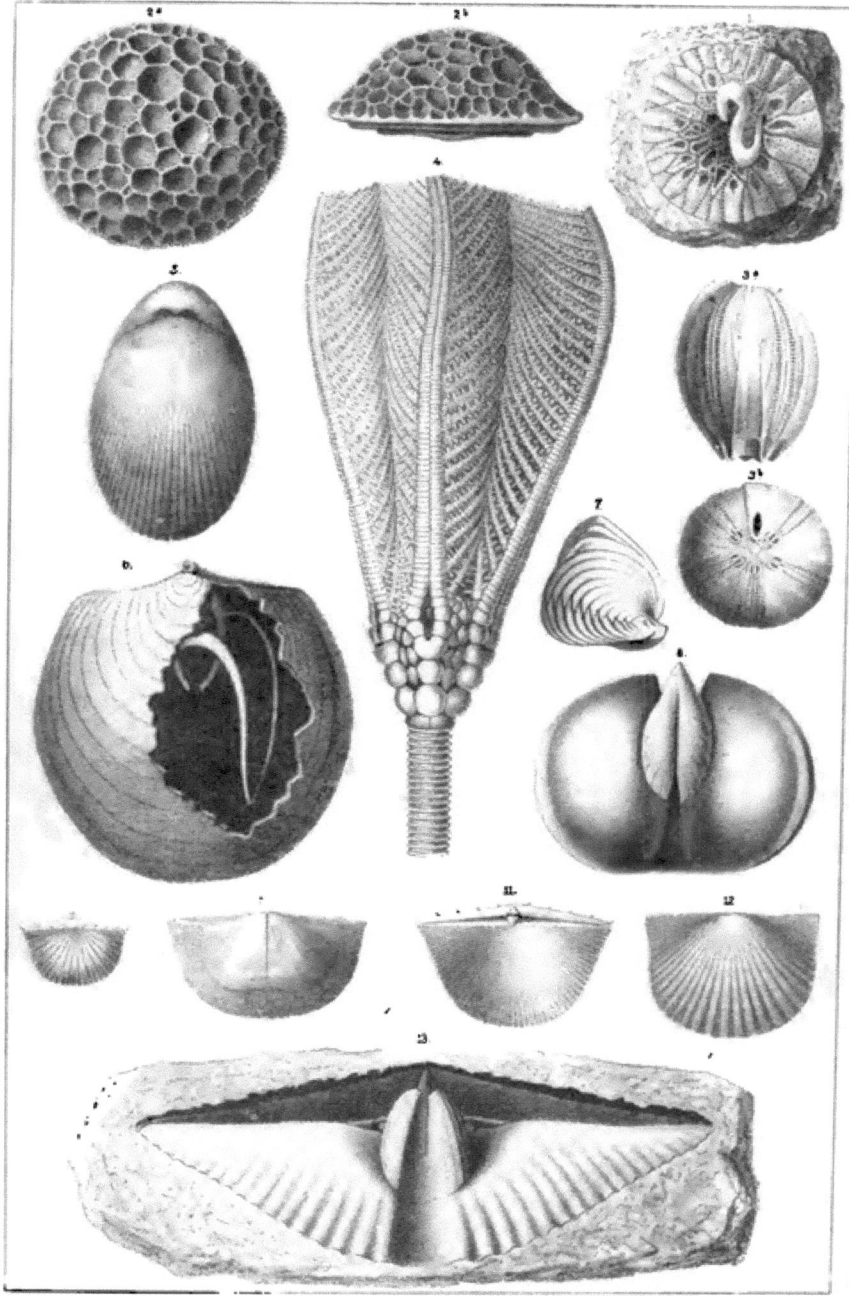

Fig. 8. *Orthis striatula* d'ORBIGNY (*Hysterolites vulvarius* SCHLOTHEIM) von Coblenz. Ansicht des Steinkerns.
9. *Chonetes sarcinulata* DE KONINCK (*Orthis dilatata* FERD. ROEMER) von Coblenz.
10. Vergrösserte Ansicht des Steinkerns.
11. *Chonetes dilatata* DE KONINCK (*Orthis dilatata* FERD. ROEMER) von Daleiden bei Prüm in der Eifel. Kopie nach DE KONINCK.
12. *Leptaena laticosta* CONRAD von Daun in der Eifel.
13. *Spirifer macropterus* GOLDFUSS (*Spirifer paradoxus* SCHLOTHEIM) von Lahneck am Rhein. Ansicht des Steinkerns.

Tafel 24.

Unter-Devon.
(Coblenzer Grauwacke.)

Lamellibranchiaten.

Fig. 1a. *Pterinea lineata* GOLDFUSS aus der Grauwacke von Ems. Ansicht der linken Klappe.
  1b. Ansicht der rechten Klappe.
  2. *Pterinea fasciculata* GOLDFUSS aus der Grauwacke von Ems. Ansicht der linken Klappe. Nur in der unteren Hälfte ist die Schale selbst erhalten, das Übrige als Steinkern.
  3a. *Cucullella solenoides* m. (*Nucula solenoides* GOLDFUSS) aus dem Grauwackensandstein des Kahleberges bei Clausthal. Ansicht des Steinkerns der linken Klappe.
  3b. Vergrösserte Ansicht des als Steinkern erhaltenen Schlosses der rechten Klappe.
  4a. *Grammysia Hamiltonensis* DE VERNEUIL aus der »Hamilton Group« von Cazenovia im Staate New-York. Ansicht der rechten Klappe.
  4b. Ansicht der vereinigten Klappen von oben.
  5. *Mecynodon bipartitus* KEFERSTEIN (*Megalodon bipartitus* FERD. ROEMER) aus der Grauwacke von Unkel am Rhein. Ansicht des als Steinkern erhaltenen Schlossrandes der rechten Klappe. Vergl. KEFERSTEIN in: Zeitschr. d. Deutsch. geol. Ges. Vol. IX, p. 160.
  6a. *Prosocoelus priscus* KEFERSTEIN aus der Grauwacke des Kahleberges bei Clausthal. Ansicht des Steinkerns der rechten Klappe.
  6b. Das Schloss der rechten Klappe nach einem Guttapercha-Abgusse.
  6c. Das Schloss der linken Klappe. Kopien nach KEFERSTEIN.

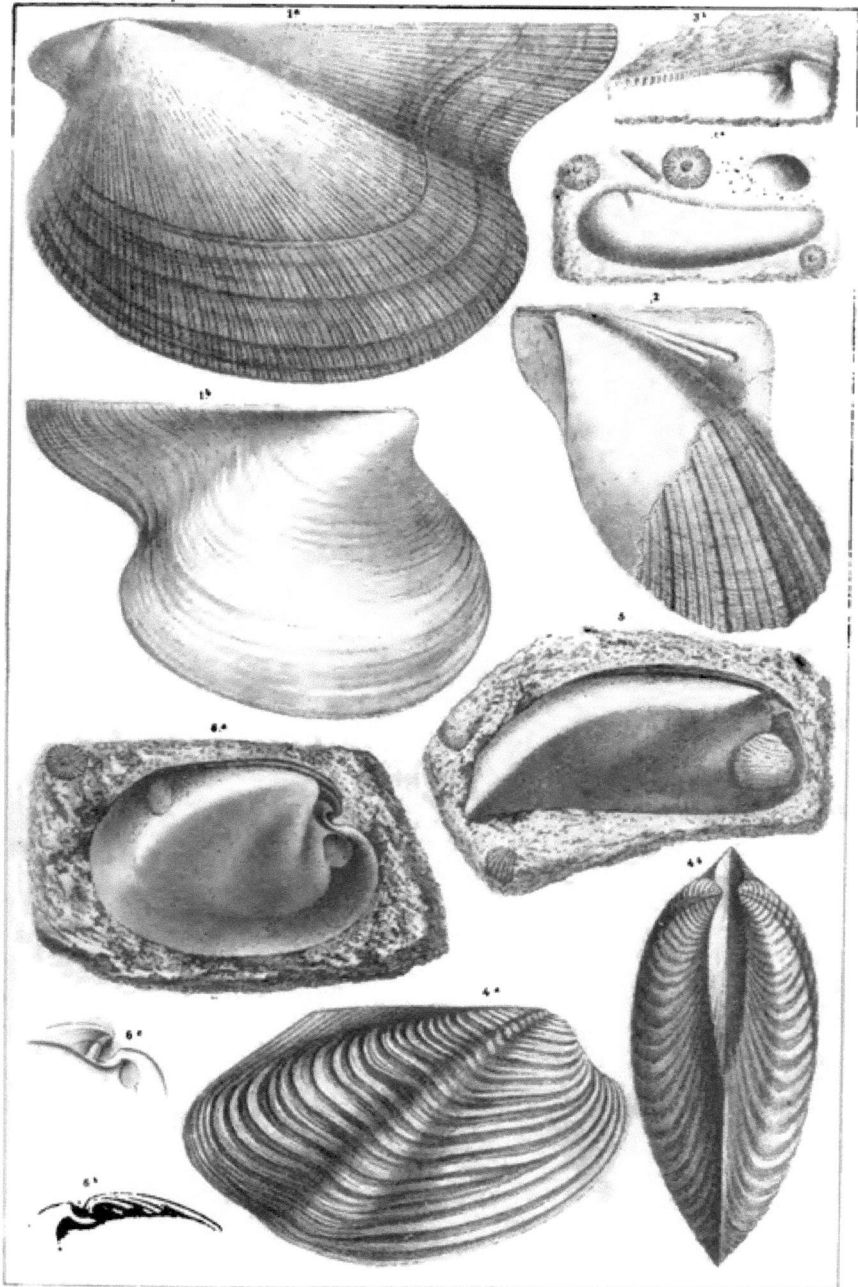

Tafel 25.

Unter-Devon.
(Coblenzer Grauwacke.)
Trilobiten, Pteropoden und Goniatiten.

Fig. 1. *Tentaculites scalaris* SCHLOTHEIM aus der Grauwacke von Ems. Gesteinsstück mit Steinkernen und Abdrücken.

2. *Coleoprion gracilis* SANDBERGER aus der Grauwacke von Nieder-Lahnstein.
  2a. Das Gehäuse von der Seite.
  2b. Ein Stück des Gehäuses mit den wechselsweise in einander greifenden Anwachsringen.
  2c. Querschnitt des Gehäuses.
  2d. Vergrösserte Ansicht der Seite des Gehäuses, an welcher die Anwachsringe wechselsweise in einander greifen. Kopien nach SANDBERGER.

3. *Conularia grandis* FERD. ROEMER aus Grauwacken-Sandstein (»Hamilton Group« der New-Yorker Staats-Geologen) von Cazenovia im Staate New-York.

4. *Bellerophon trilobatus* SOW. var. *tumidus* SANDBERGER aus der Grauwacke von Nieder-Lahnstein. Steinkern.

5. *Salpingostoma macrostoma* FERD. ROEMER (vergl. für den Gattungsnamen Taf. 5, Fig. 12) (*Bellerophon macrostoma* FERD. ROEMER) aus der Grauwacke von Unkel am Rhein.
  5a. Ansicht eines Steinkerns von oben.
  5b. Ansicht desselben von der Seite.

6a. *Goniatites subnautilinus* ARCH. et VERN. (*Ammonites subnautilinus* SCHLOTHEIM) aus dem Dachschiefer von Wissenbach in Nassau. Von der Seite.
  6b. Im Profil.
  6c. Suturen oder Kammerwandsnähte.

7a. *Goniatites gracilis* QUENST. aus dem Dachschiefer von Wissenbach. Ansicht von der Seite.
  7b. Suturen. Kopie nach SANDBERGER.

8a. *Dipleura Dekayi* GREEN von Cazenovia im Staate New-York.
  8b. Ansicht des Kopfes von der Unterseite.

9. *Homalonotus crassicauda* SANDBERGER aus der Grauwacke von Nieder-Lahnstein. Schwanzschild (Pygidium).

10. *Cryphaeus laciniatus* FERD. ROEMER von Daleiden in der Eifel.

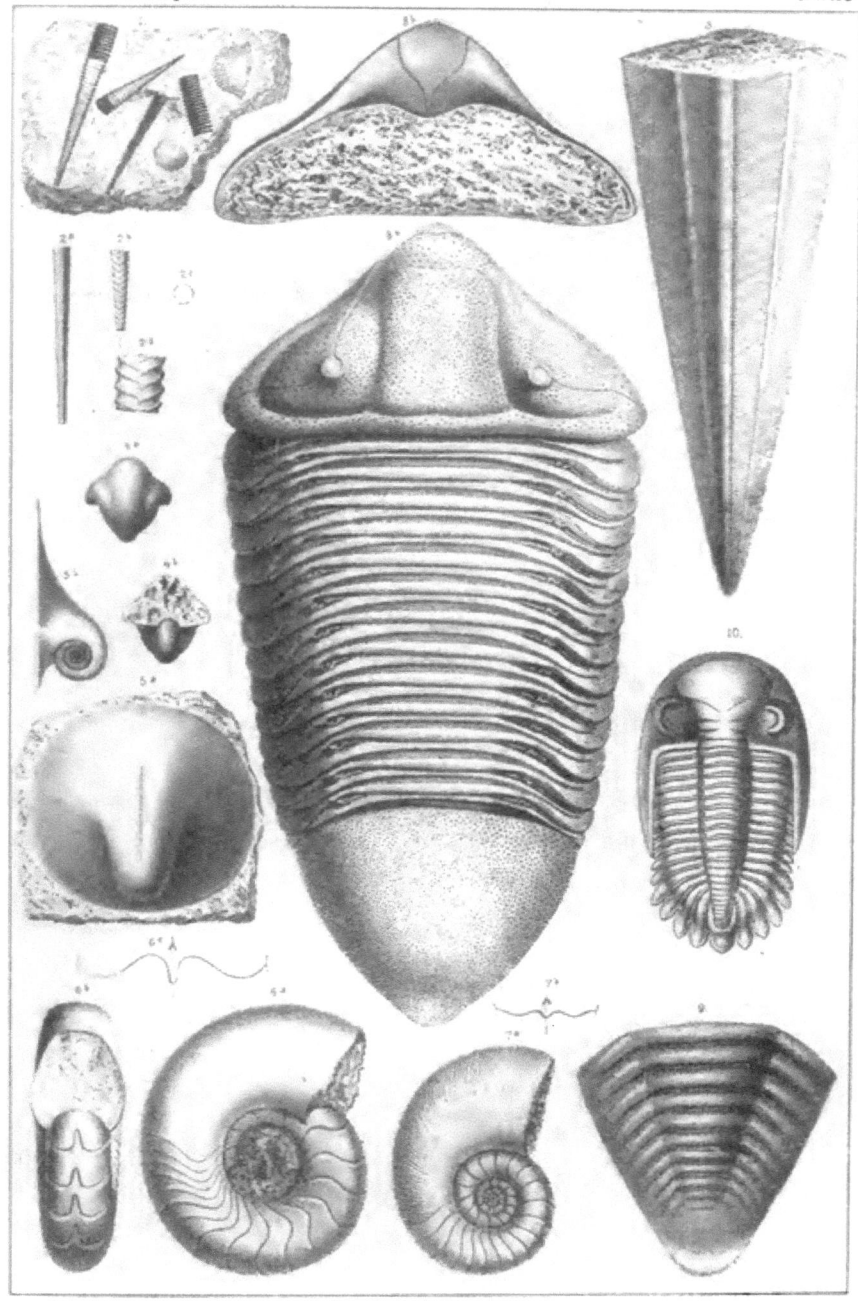

Tafel 26.

Mittel-Devon.
Korallen des Eifler-Kalks.

Fig. 1. *Calamopora Goldfussi* m. (*Favosites Goldfussi* M. Edwards et Haime; *Calamopora Gothlandica* Goldfuss pars) von Gerolstein in der Eifel. Ein Stück aus dem Inneren eines Korallenstocks.

2a. *Heliolites porosa* M. Edwards et Haime (*Astrea porosa* Goldfuss) von Gerolstein in der Eifel. Ein Stück der Oberfläche des Korallenstocks.

2b. Ein Stück der Oberfläche vergrössert.

3a. *Stromatopora concentrica* Goldfuss von Gerolstein in der Eifel. Ansicht eines ganz kleinen Individuums von oben. (*Stromatopora concentrica* Goldf. und *Str. polymorpha* Goldf. sind, wie sich durch die Original-Exemplare feststellen lässt, identisch. Obgleich nun *Str. concentrica* für verwitterte und schlecht erhaltene Exemplare gegründet wurde, *Str. polymorpha* dagegen die wohl erhaltenen normalen Formen begreift, so kommt dennoch, weil *Str. concentrica* früher beschrieben wurde, dieser Name der Art zu.)

3b. Ein Stück des senkrechten Durchschnitts vergrössert.

4a. *Alveolites suborbicularis* Lamarck von Refrath bei Cöln. Ein kleiner Korallenstock von oben.

4b. Ein Stück der Oberfläche vergrössert.

5. *Cyathophyllum helianthoides* Goldfuss von Gerolstein in der Eifel. Eine einzelne Zelle von oben.

6a. *Cyathophyllum Goldfussi* M. Edwards et Haime von Gerolstein in der Eifel. Von der Seite.

6b. Von oben.

7. *Cyathophyllum hexagonum* Goldfuss von Refrath bei Cöln. Ein kleinerer Korallenstock von oben.

8a. *Cyathophyllum quadrigeminum* Goldfuss von Refrath bei Cöln. Eine einzelne Zelle mit dreifacher Knospung aus dem Kelche.

8b. Dieselbe Zelle mit der dreifachen Knospung von oben gesehen.

9a. *Cystiphyllum vesiculosum* Phillips (*Cyathophyllum vesiculosum* Goldfuss) von Gerolstein in der Eifel.

9b. In der Mitte durchschnitten, um die blasige Struktur des Inneren zu zeigen.

10. *Aulopora repens* M. Edwards et Haime von Refrath bei Bensberg unweit Cöln. Der kriechende Korallenstock auf *Alveolites suborbicularis* aufgewachsen.

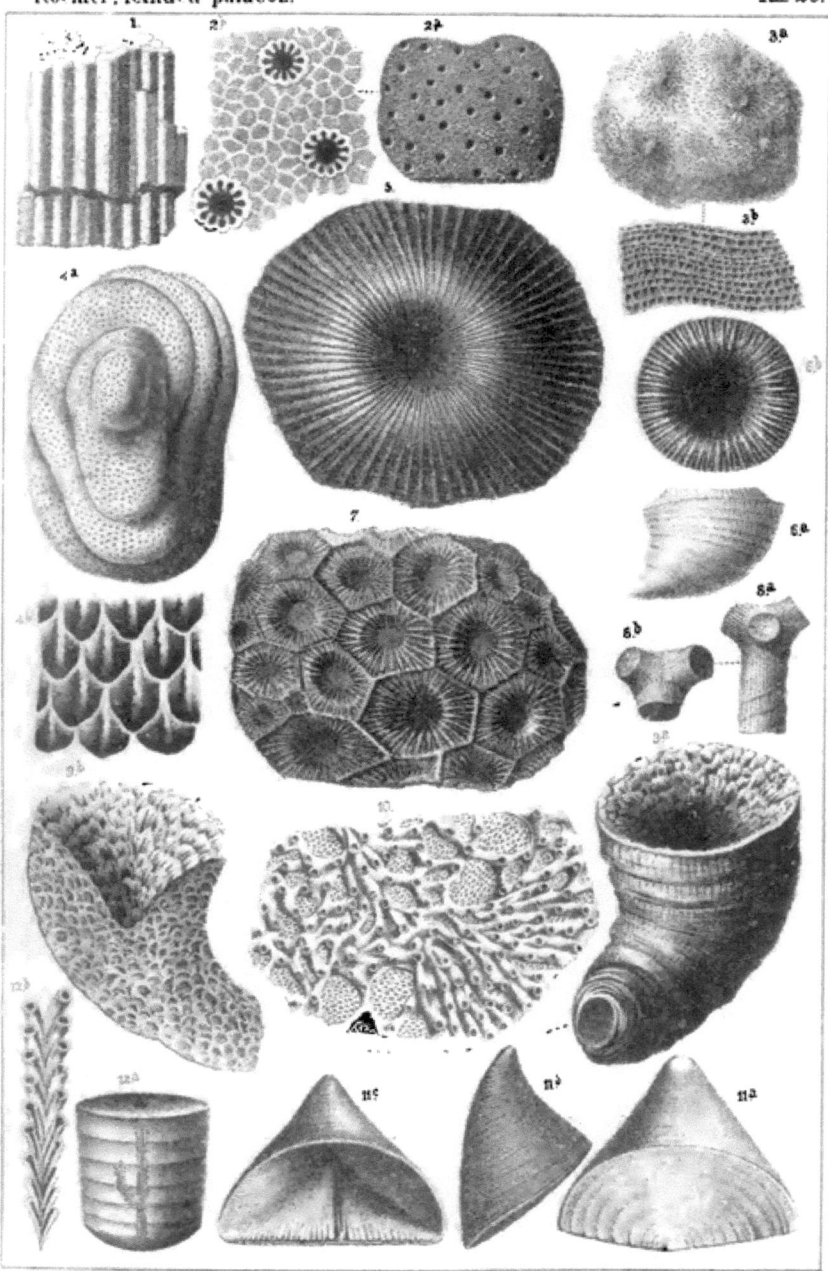

Fig. 11a. *Calceola sandalina* LAMARCK (»Pantoffel-Muschel« der älteren Autoren) von Gerolstein in der Eifel. Ansicht des Korallenstocks gegen die innere Höhlung.
11b. Ansicht des Korallenstocks mit dem Deckel.
12a. *Reptaria Orthoceratum* ROLLE (N. Jahrb. 1851, S. 813, Taf. IX, B, Fig. 1—4) auf *Orthoceras* sp. von Gerolstein.
12b. Ein Stück vergrössert. Die unteren Zellen erscheinen durch Verwitterung aufgeschlitzt.

Tafel 27.

Mittel-Devon.
(Eifler-Kalk.)
Crinoiden und Echiniden.

Fig. 1a. *Melocrinus stellaris* LUDW. SCHULTZE (*Ctenocrinus stellaris* FERD. ROEMER) von Lüdenscheid in der Grafschaft Mark. Vergrösserte Ansicht des Original-Exemplars.
    1b. Natürliche Länge desselben.
2a. *Melocrinus stellaris* LUDW. SCHULTZE von Gerolstein. Der Kelch ohne die Arme.
    2b. Die aus 4 Stücken bestehende Basis des Kelchs von unten gesehen.
3a. *Gasterocoma antiqua* GOLDFUSS von Gerolstein. Der Kelch gegen die Anal-Seite gesehen.
    3b. Der Kelch von unten.
    3c. Vergrösserte Scheitel-Ansicht. Kopien nach LUDW. SCHULTZE.
4a. *Coccocrinus rosaceus* JOH. MÜLLER (*Platycrinus rosaceus* FERD. ROEMER) von Gerolstein. Der Kelch in natürlicher Grösse von der Seite.
    4b. Von oben gesehen in doppelter Vergrösserung. Kopien nach LUDW. SCHULTZE.
5. *Poteriocrinus fusiformis* FERD. ROEMER von Prüm in der Eifel. Der Kelch in natürlicher Grösse von der Seite. Kopie nach LUDW. SCHULTZE.
6a. *Hexacrinus elongatus* LUDW. SCHULTZE (*Platycrinus elongatus* GOLDFUSS) von Gerolstein. Ansicht des Kelches von der Seite.
    6b. Der Kelch von oben. Kopien nach GOLDFUSS.
7. *Taxocrinus juglandiformis* LUDW. SCHULTZE von Gerolstein. Ein vollständiger Kelch mit den Armen. Schief von unten gesehen. Kopie nach LUDW. SCHULTZE.
8a. *Haplocrinus mespiliformis* FERD. ROEMER (*Eugeniacrinites mespiliformis* GOLDFUSS) von Gerolstein. Ein grosses Exemplar von der Seite.
    8b. Vergrössert. Kopien nach GOLDFUSS.
9. *Cupressocrinus crassus* GOLDFUSS von Gerolstein in der Eifel. Vollständiger Kelch mit dem oberen Ende der Säule. Kopie nach GOLDFUSS.
10. *Cupressocrinus elongatus* GOLDFUSS von Gerolstein in der Eifel. Ein aus mehreren Gliedern bestehendes Stück der Säule schief von der Seite.
11. *Cupressocrinus abbreviatus* GOLDFUSS von Gerolstein. Der Kelch von unten gesehen. Kopie nach GOLDFUSS.

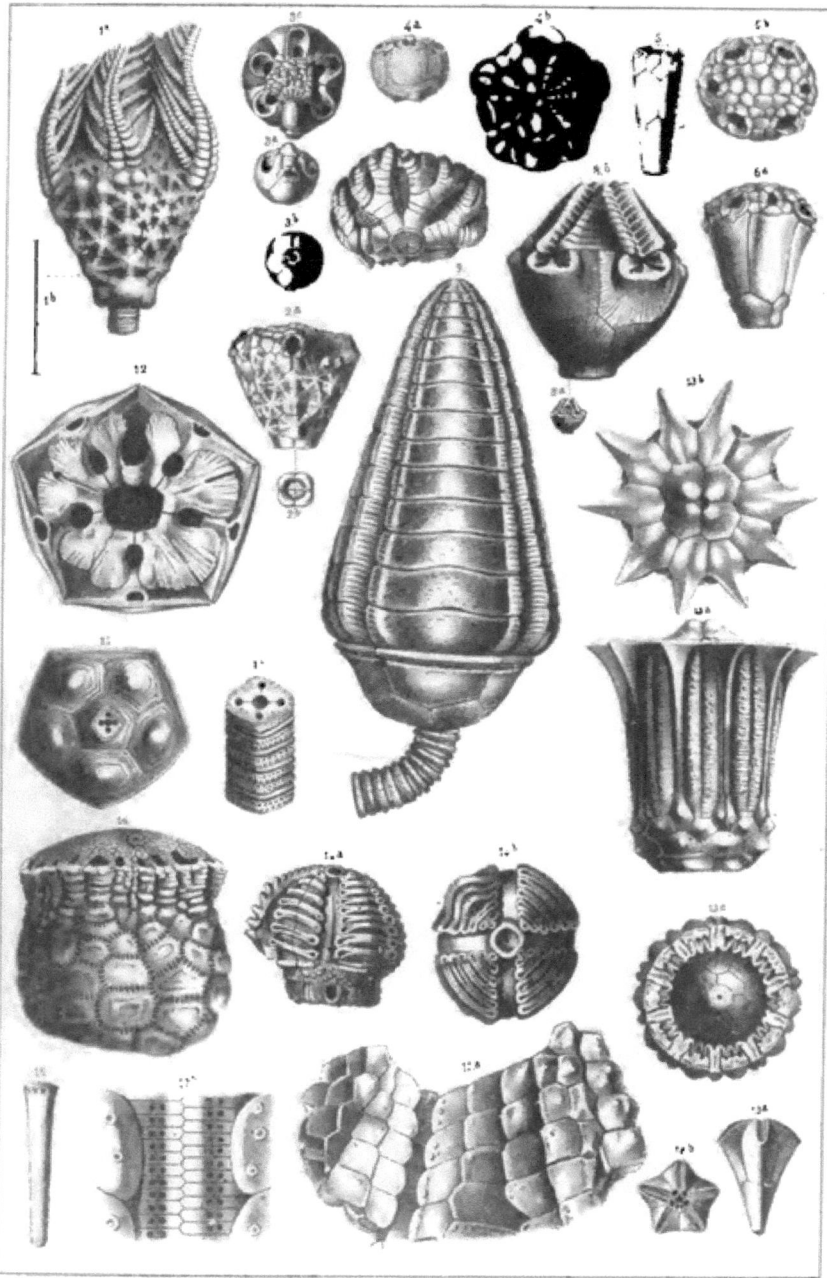

Fig. 12. *Cupressocrinus abbreviatus* GOLDFUSS von Gerolstein. Die Kelchhöhle mit dem zur Verstärkung der Kelchwände dienenden horizontalen Gerüste. Kopie nach LUDW. SCHULTZE.

13 a. *Eucalyptocrinus rosaceus* GOLDFUSS. Ein vollständiger Kelch mit der Kelchdecke und den Armen von der Seite. Nach einem Exemplare des Bonner Museums.

13 b. Ansicht desselben Exemplars von oben.

13 c. Ansicht der inneren Kelchhöhle, wenn, wie gewöhnlich der Fall, die Arme fehlen.

14. *Rhodocrinus crenatus* GOLDFUSS von Gerolstein. Ansicht des Kelches mit der Kelchdecke. Die Arme sind abgebrochen.

15 a. *Tiaracrinus quadrifrons* LUDW. SCHULTZE von Nollenbach bei Kerpen in der Eifel. Der stiellose Kelch von der Seite.

15 b. Der Kelch von oben gesehen. Beide Figuren in dreifacher Vergrösserung. Kopien nach LUDW. SCHULTZE.

16. *Xenocidaris clavigera* LUDW. SCHULTZE von Gerolstein. Stachel. Kopie nach LUDW. SCHULTZE.

17 a. *Lepidocentrus Mülleri* LUDW. SCHULTZE von Gerolstein. Ein Stück der zusammengedrückten Schale. Die mittlere dunkele Furche ist das schmale Ambulacral-Feld.

17 b. Ein Stück des Ambulacral-Feldes vergrössert. Kopien nach LUDW. SCHULTZE.

18 a. *Pentatrematites Eifeliensis* FERD. ROEMER von Prüm in der Eifel.

18 b. Von oben gesehen. Kopien nach LUDW. SCHULTZE.

Tafel 28.

Mittel-Devon.
(Eifler-Kalk.)

Brachiopoden.

Fig. 1. *Spirifer aperturatus* L. v. Buch von Refrath bei Bensberg unweit Cöln.
2. *Spirifer speciosus* Bronn (*Terebratulites speciosus* Schlotheim pars) von Gerolstein.
3. *Spirifer laevicosta* Bronn (*Spirifer ostiolatus* Steininger) von Gerolstein.
4 a. *Cyrtina heteroclita* Davidson (*Calceola heteroclita* Dafrance; *Spirifer heteroclytus* L. v. Buch) von Gerolstein. Ansicht eines grossen Exemplars gegen die Area der grösseren Klappe.
4 b. Ansicht gegen die Rückseite der grösseren Klappe. Da die Schale fehlt, ist der der mittleren inneren Längsleiste entsprechende Spalt sichtbar.
5 a. *Spirifer concentricus* Schnur von Gerolstein. Ansicht eines kleinen Exemplars gegen die nicht durchbohrte Klappe.
5 b. *Atrypa reticularis* Dalman von Gerolstein. Ansicht eines Exemplars, bei welchem durch Fortbrechen des grösseren Theils der nicht durchbohrten gewölbten Klappe die mit Kalkspath überzogenen Spiral-Kegel in ihrer natürlichen Lage sichtbar geworden sind.
6. *Streptorhynchus umbraculum* Davidson (*Terebratulites umbraculum* Schlotheim; *Orthis umbraculum* L. v. Buch) von Gerolstein in der Eifel. Ansicht gegen die gewölbte nicht durchbohrte Klappe.
7 a. *Athyris concentrica* M'Coy (*Terebratula concentrica* L. v. Buch) von Gerolstein. Ansicht gegen die durchbohrte Klappe.
7 b. Profil-Ansicht.
7 c. Ansicht eines Exemplars, bei welchem der grössere Theil der kleineren Klappe fortgebrochen ist, so dass die Spiral-Kegel sichtbar geworden sind.
8. *Pentamerus galeatus* Dalman von Gerolstein.
9. *Spirifer undiferus* Ferd. Roemer von der Lustheide bei Refrath unweit Cöln.
10. *Orthis striatula* De Koninck (*Terebratulites striatulus* Schlotheim) von Gerolstein. Ein grosses Exemplar gegen die Wirbel gesehen.
11. *Retzia prominula* Kayser (*Terebratula prominula* Ferd. Roemer) aus Gerolstein.
12. *Orthis striatula* De Koninck (*Terebratulites striatulus* Schlotheim) von Gerolstein. Ansicht gegen die durchbohrte Klappe (Ventral-Klappe).

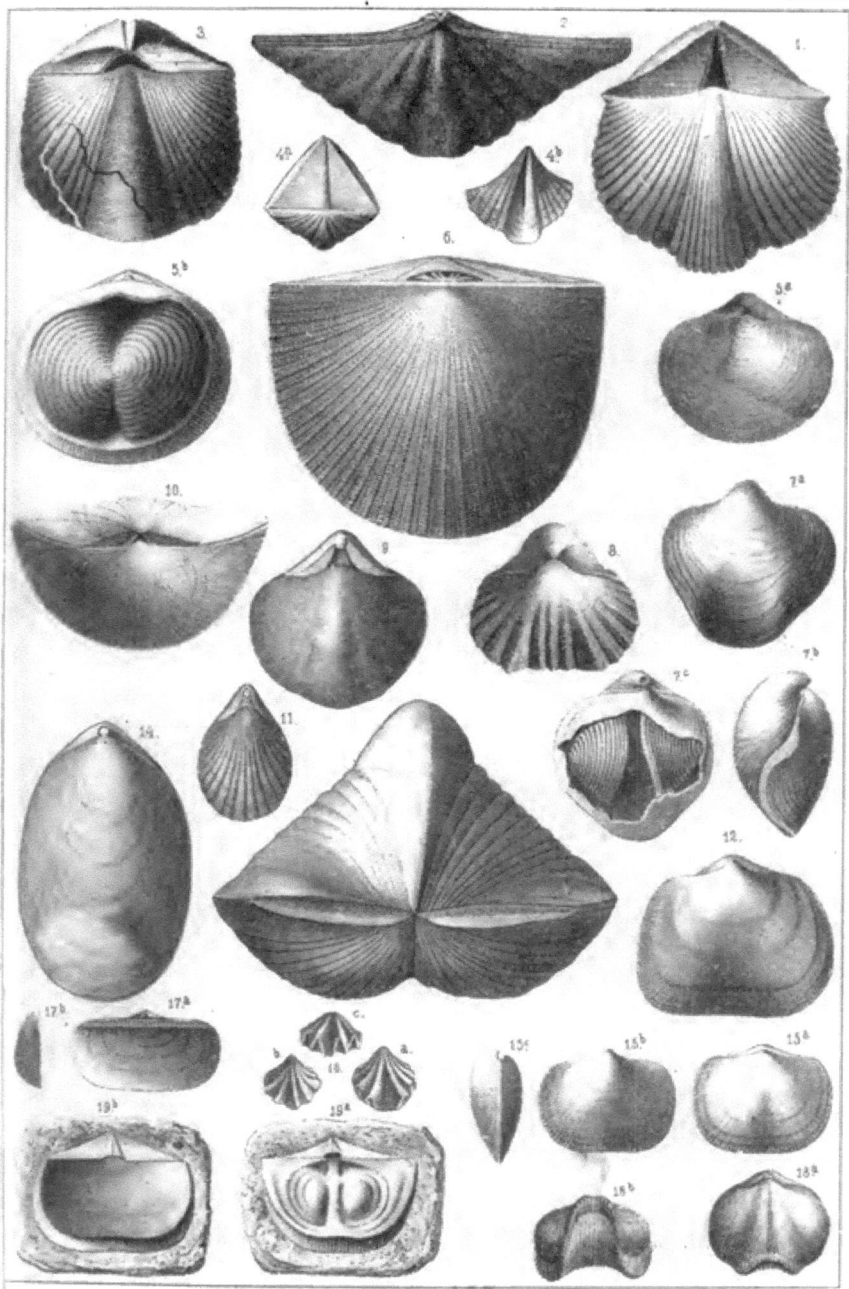

Fig. 13. *Spirifer cultrijugatus* FERD. ROEMER aus der unteren Abtheilung des Eifler Kalks bei Gerolstein. Ansicht gegen die Wirbel.

14. *Rensselaeria (?) amygdalina* m. (*Terebratula amygdalina* GOLDFUSS) von Gerolstein.

15 a. *Orthis tetragona* FERD. ROEMER von Gerolstein. Ansicht gegen die kleinere nicht durchbohrte Klappe.

    15 b. Ansicht gegen die grössere durchbohrte Klappe.

    15 c. Ansicht im Profil.

16 a. *Retzia ferita* SANDBERGER (*Terebratula ferita* L. v. BUCH) von Gerolstein. Ansicht gegen die grössere durchbohrte Klappe.

    16 b. Ansicht gegen die kleinere nicht durchbohrte Klappe.

    16 c. Stirn-Ansicht.

17 a. *Leptaena lepis* BRONN von Gerolstein. Ansicht gegen die kleinere konkave Klappe.

    17 b. Ansicht im Profil.

18 a. *Rhynchonella parallelepipeda* SANDBERGER (*Terebratula parallelepipeda* BRONN) von Gerolstein. Ansicht gegen die kleinere nicht durchbohrte Klappe.

    18 b. Ansicht gegen die Stirn.

19 a. *Davidsonia Bouchardiana* DE KONINCK von Gerolstein. Die Innenseite der grösseren aufgewachsenen Klappe.

    19 b. Ein anderes Exemplar mit erhaltener kleinerer Klappe in gleicher Weise mit der Rückseite aufgewachsen.

Tafel 29.

Mittel-Devon.
(Eifler-Kalk.)

Lamellibranchiaten und Gastropoden.

Fig. 1. *Solen (?) pelagicus* GOLDFUSS aus der Eifel.
2. *Solen (?)* sp. (*Solen pelagicus* D'ARCHIAC et DE VERNEUIL) aus der Lustheide bei Refrath unweit Cöln. Ein unvollständiger Steinkern von der Seite.
3a. *Mytilus (?) dimidiatus* m. (*Cardium dimidiatum* GOLDFUSS) aus der Eifel. Ein als Steinkern erhaltenes Exemplar gegen die vordere abgestumpfte Seite gesehen.
 3b. Von der Seite. Kopien nach GOLDFUSS.
4a. *Conocardium clathratum* D'ORBIGNY (*Conocardium aliforme* Sow. var. *clathrata* GOLDFUSS) von Gerolstein. Von der Seite.
 4b. Von vorn gesehen.
5a. *Lucina proavia* GOLDFUSS aus der Eifel. Ansicht gegen die rechte Klappe.
 5b. Ansicht im Profil von hinten.
6a. *Allorisma prisca* KING (*Lutraria prisca* GOLDFUSS) aus der Eifel. Ansicht eines unvollständigen Exemplars von der Seite.
 6b. Von vorn.
7a. *Euomphalus trigonalis* GOLDFUSS aus der Eifel. Ansicht von oben. Nur auf einem Theile des letzten Umgangs ist die Schale selbst erhalten. Das Übrige ist Steinkern.
 7b. Querschnitt des letzten Umgangs.
8a. *Euomphalus Labadyei* D'ARCHIAC et DE VERNEUIL aus der Eifel. Ansicht von oben.
 8b. Vergrösserte Ansicht von unten.
9. *Euomphalus Goldfussii* D'ARCHIAC et DE VERNEUIL aus der Eifel. Ansicht von unten. Die meisten Röhrenstacheln sind abgebrochen. Kopie nach GOLDFUSS.
10a. *Odontomaria elephantina* n. sp. von Gerolstein. Ansicht eines Exemplars des Breslauer Museums von der Seite.
 10b. Querschnitt des Gehäuses. Die hier für diese Art errichtete Gattung *Odontomaria* ist durch ein gestrecktes wenig gekrümmtes Gehäuse mit einem beim Fortwachsen durch bogenförmige kleine Anwachsringe sich schliessenden Schlitz ausgezeichnet. Sie ist zunächst neben *Pleurotomaria* zu stellen und begreift gewissermassen abgerollte Pleurotomarien. Exemplare derselben Art liegen übrigens auch von Paffrath vor.

Roemer, lethaea palaeoz. Taf. 29.

Lith. v F Schlotteroeck.

Fig. 11. *Acroculia prisca* PHILLIPS *(Pileopsis prisca* GOLDFUSS) von Gerolstein.
 12. *Pleurotomaria elegans* D'ARCHIAC et DE VERNEUIL von Vilmar in Nassau. Ansicht des links gewundenen Gehäuses von der Seite gegen die Mündung. Kopie nach D'ARCHIAC u. DE VERNEUIL.
 13a. *Euomphalus radiatus* GOLDFUSS (*Schizostoma radiatum* D'ARCHIAC et DE VERNEUIL) aus der Eifel. Ansicht von oben.
   13b. Ansicht von der Seite gegen die Mündung. Kopien nach GOLDFUSS.
 14. *Euomphalus circinalis* GOLDFUSS aus der Eifel. Ansicht eines als Steinkern erhaltenen Exemplars von der Seite. Kopie nach GOLDFUSS.
 15a. *Dentalium antiquum* GOLDFUSS von Gerolstein. Ansicht von der Seite. Nur in dem unteren Theile ist die Schale erhalten. Kopie nach GOLDFUSS.
   15b. Querschnitt des Gehäuses.
 16a. *Patella Saturni* GOLDFUSS aus der Eifel. Von oben gesehen.
   16b. Von der Seite. Kopien nach GOLDFUSS.

Tafel 30.

Mittel-Devon.
(Eifler-Kalk.)
Cephalopoden.

Fig. 1a. *Orthoceras nodulosum* SCHLOTHEIM aus der Eifel.
    1b. Die Kammerwand des unteren Endes mit dem Sipho. Kopien nach D'ARCHIAC und DE VERNEUIL.

2a. *Gyroceras nodosum* GIEBEL (*Spirula nodosa* GOLDFUSS) von Gerolstein.
    2b. Querschnitt des letzten Umgangs.

3a. *Cyrtoceras depressum* GOLDFUSS aus dem Eifler Kalke von Gerolstein. Ansicht eines mittelgrossen unvollständigen Exemplars von der Seite.
    3b. Die convexe Seite der Kammerwand. Am unteren Ende mit dem Sipho.
    3c. Der Querschnitt des Sipho. Der Zeichner hat irrthümlich die Radial-Lamellen vor der Mitte endigen lassen, während sie in Wirklichkeit bis zum Centrum vorlaufen und hier oft kraus zusammengedreht erscheinen.

4a. *Cyrtoceras tetragonum* D'ARCHIAC et DE VERNEUIL von Gerolstein in der Eifel. Ein als Steinkern erhaltenes fünf Kammern begreifendes Fragment von der Seite.
    4b. Die convexe Kammerwand des oberen Endes mit dem Sipho.

5a. *Phragmoceras subventricosum* D'ARCHIAC et DE VERNEUIL aus der Eifel. Ansicht eines unvollständigen als Steinkern erhaltenen Exemplars von der Seite.
    5b. Die Kammerwand des oberen Endes mit dem der konkaven Seite der Krümmung entsprechenden randlichen Sipho.

6a. *Gomphoceras inflatum* FERD. ROEMER (*Orthoceras inflatum* GOLDFUSS) von Gerolstein. Ansicht eines als Steinkern erhaltenen Exemplars von der Seite.
    6b. Das obere Ende mit der Mündung.

Roemer, lethaea palaeoz. Taf. 30

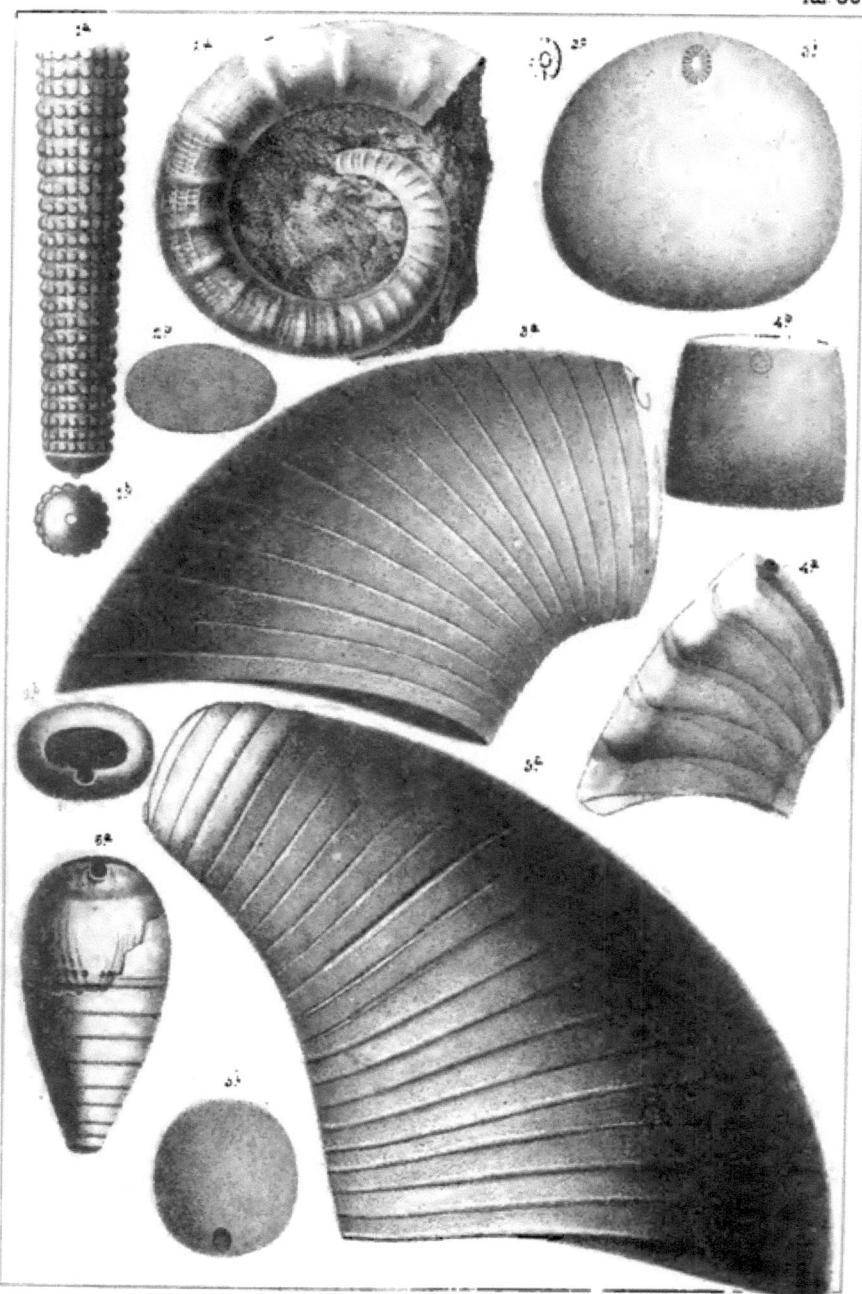

Tafel 31.

Mittel-Devon.
(Eifler-Kalk.)
Trilobiten, Anneliden etc.

Fig. 1. *Harpes macrocephalus* von Gerolstein in der Eifel. Kopie nach GOLDFUSS.
2 a. *Phacops latifrons* BURMEISTER *(Trilobites macrophthalmus* SCHLOTHEIM) von Gerolstein. Exemplar gewöhnlicher Grösse in gestreckter Lage.
2 b. Eingerollt, von der Seite gesehen.
2 c. Kopf eines grossen Exemplars.
3. *Proetus Cuvieri* STEININGER *(Gerastos laevigatus* GOLDFUSS) von Gerolstein.
4. *Cryphaeus punctatus* FERD. ROEMER *(Olenus punctatus* STEININGER; *Calymene arachnoides* HOENINGHANS) von Gerolstein.
5. *Bronteus flabellifer* GOLDFUSS aus der Eifel. Die Seitenschilder des Kopfes (scuta marginalia) fehlen und sind nur im Umriss angedeutet. Kopie nach GOLDFUSS.
6. *Cyphaspis Burmeisteri* BARRANDE *(Phacops ceratophthalmus* GOLDFUSS) von Gerolstein; $2^{1}/_{2}$mal vergrössert. Kopie nach GOLDFUSS.
7 a. *Acidaspis armata* BARRANDE *(Arges armatus* GOLDFUSS) von Gerolstein. Der hintere Theil des Körpers in natürlicher Grösse.
7 b. Vergrössert. Kopien nach GOLDFUSS.
8 a. *Spirorbis omphalodes* M. EDWARDS von Refrath bei Bensberg unweit Cöln. Mehrere Exemplare auf ein Bruchstück eines Korallenstocks von *Alveolites suborbicularis* LAM. aufgewachsen. Bei den drei unteren Exemplaren ist der freie nach oben gewendete Theil des Gehäuses zerstört.
8 b. Vergrösserte Ansicht eines vollständigen Exemplars.
9. *Platephemera antiqua* SCUDDER (Vergl. Geol. Magaz. Vol. IV, 1867. p. 387. Pl. XVII. Fig. 2.) aus pflanzenführenden Devonischen Schichten bei St. Johns in Neu-Braunschweig. Flügel des zur Familie der Ephemerinen gehörenden Insects.
10 a. *Ichthyodorulites sp?* von Gerolstein. Ansicht von der Seite. Nach einem Exemplare des Berliner Museums.
10 b. Querschnitt des oberen Theils.
10 c. Querschnitt durch die Mitte.
10 d. Ein Stück der Oberfläche vergrössert.

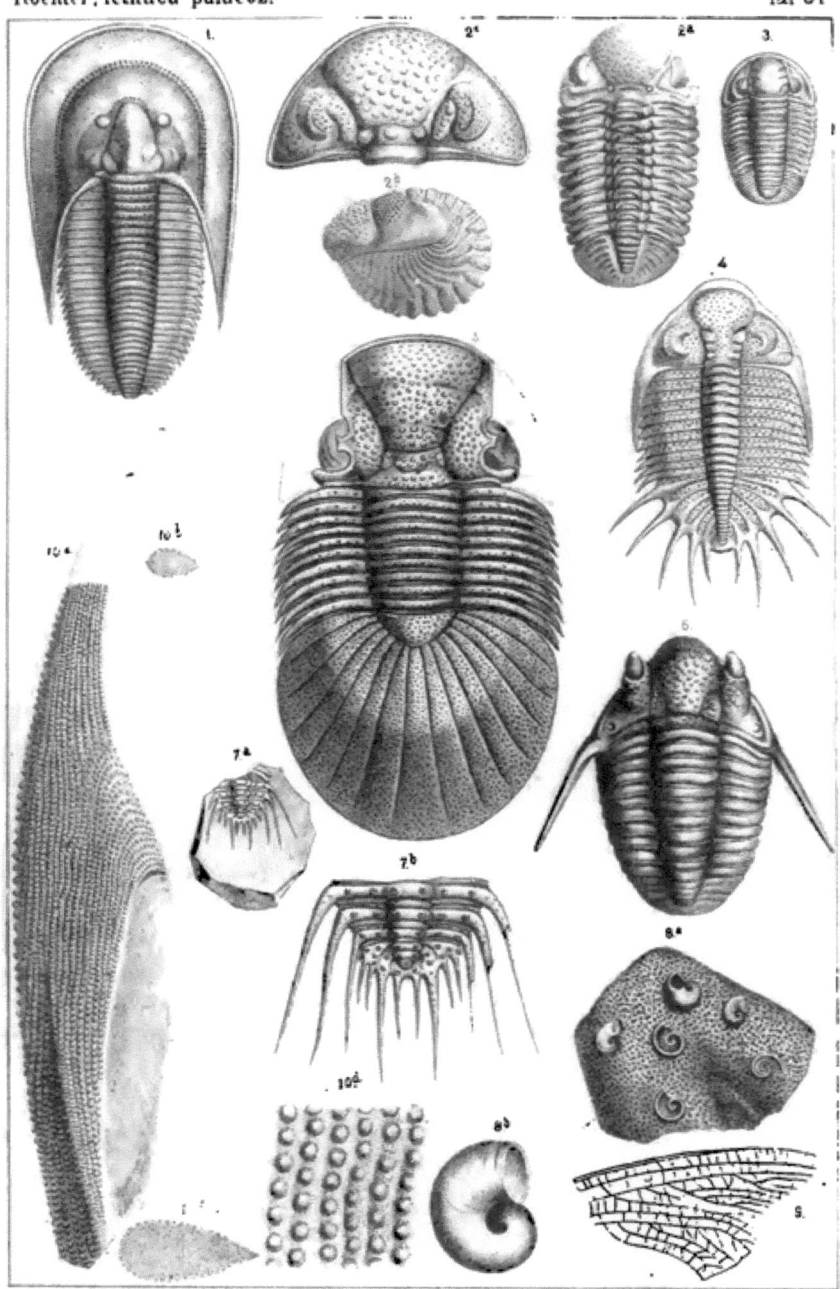

Tafel 32.

Mittel-Devon.

(Paffrather-Kalk d. i. obere Abtheilung des Eifler-Kalks.)

Fig. 1. *Stringocephalus Burtini* DEFRANCE von Paffrath bei Bensberg unweit Cöln.
2. *Uncites gryphus* DEFRANCE von Paffrath.
3a. *Megalodon cucullatus* von Paffrath, von der Seite gegen die rechte Klappe gesehen.
3b. Ansicht von vorn gegen die vereinigten Klappen.
4. *Murchisonia turbinata* BRONN (*Muricites turbinatus* SCHLOTH.) von Paffrath.
5. *Turbo armatus* GOLDFUSS von Sötenich in der Eifel.
6. *Macrochilus arculatus* PHILLIPS (*Buccinites arculatus* SCHLOTHEIM) von Paffrath.
7. *Pleurotomaria delphinuloides* GOLDFUSS von Paffrath.
8. *Natica subcostata* D'ARCHIAC et DE VERNEUIL von Paffrath.
9. *Bellerophon striatus* DE FERUSSAC et D'ORBIGNY von Paffrath.
10. *Euomphalus serpula* DE KONINCK von Paffrath.

Roemer, lethaea palaeoz. Taf:32.

Tafel 33.

Devon.

Pflanzen.

Die auf dieser Tafel abgebildeten Pflanzen gehören dem nach der Gaspé Bay an der Mündung des St. Lorenz-Flusses benannten 7000 Fuss mächtigen sandigen Schichten-Systeme der Gaspé-Sandsteine an, welches nach den Beobachtungen der Canadischen Geologen gleichförmig den obersten Silurischen Schichten aufruht und ungleichförmig von den untersten Conglomeraten des Steinkohlengebirges bedeckt wird und welches wahrscheinlich der Gesammtheit der Devonischen Schichten in Europa entspricht.

Die Abbildungen sind sämmtlich Kopien aus der Schrift: The fossil plants of the Devonian and upper Silurian formations of Canada by S. W. Dawson; with 20 plates. Montreal 1871.

Fig. 1. *Psilophyton princeps* Dawson von Gaspé Bay. Ein halmartiger Stengel. Die Gattung *Psilophyton* vereinigt nach Dawson Merkmale der Lycopodiaceen und namentlich der Gattung *Psilotum* mit solchen von Farnen.

2a. *Arthrostigma gracile* Dawson. Ein zusammengedrücktes Stammstück mit den Blättern von Gaspé Bay. Die Gattung *Arthrostigma* gehört nach Dawson wahrscheinlich zu den Lycopodiaceen.

2b. Restaurirte Figur eines nicht zusammengedrückten Stammstücks.

3. *Psilophyton robustius* Dawson ebendaher. Ein kleiner Zweig mit Sporenkapseln.

4. *Asterophyllites latifolia* Dawson von St. John in Neu-Braunschweig.

5. *Calamodendron tenuistriatum* Dawson von Lepreau in Neu-Braunschweig.

6. *Didymophyllum reniforme* Dawson von Gaspé. Die Gattung *Didymophyllum* gleicht nach Dawson der Gattung *Stigmaria* und unterscheidet sich nur durch paarige Würzelchen.

7. *Lycopodites Matthewi* Dawson von St. John in Neu-Braunschweig. Das Ende eines Zweiges.

8. *Sphenopteris marginata* Dawson von St. John in New-Braunschweig.

9a. *Cyclopteris (Archaeopteris) Jacksoni* Dawson von Perry im Staate Maine.

10. *Stigmaria exigua* Dawson von Elmira im Staate New-York. Ein Stück des Stammes in halber Grösse.

11. *Stigmaria areolata* Dawson von Gaspé.

12. *Antholithes floridus* Dawson von St. John in Neu-Braunschweig. Nach Dawson's Vermuthung der Fruchtstand einer gymnospermen Pflanze.

Roemer, lethaea palaeoz.

Taf. 33

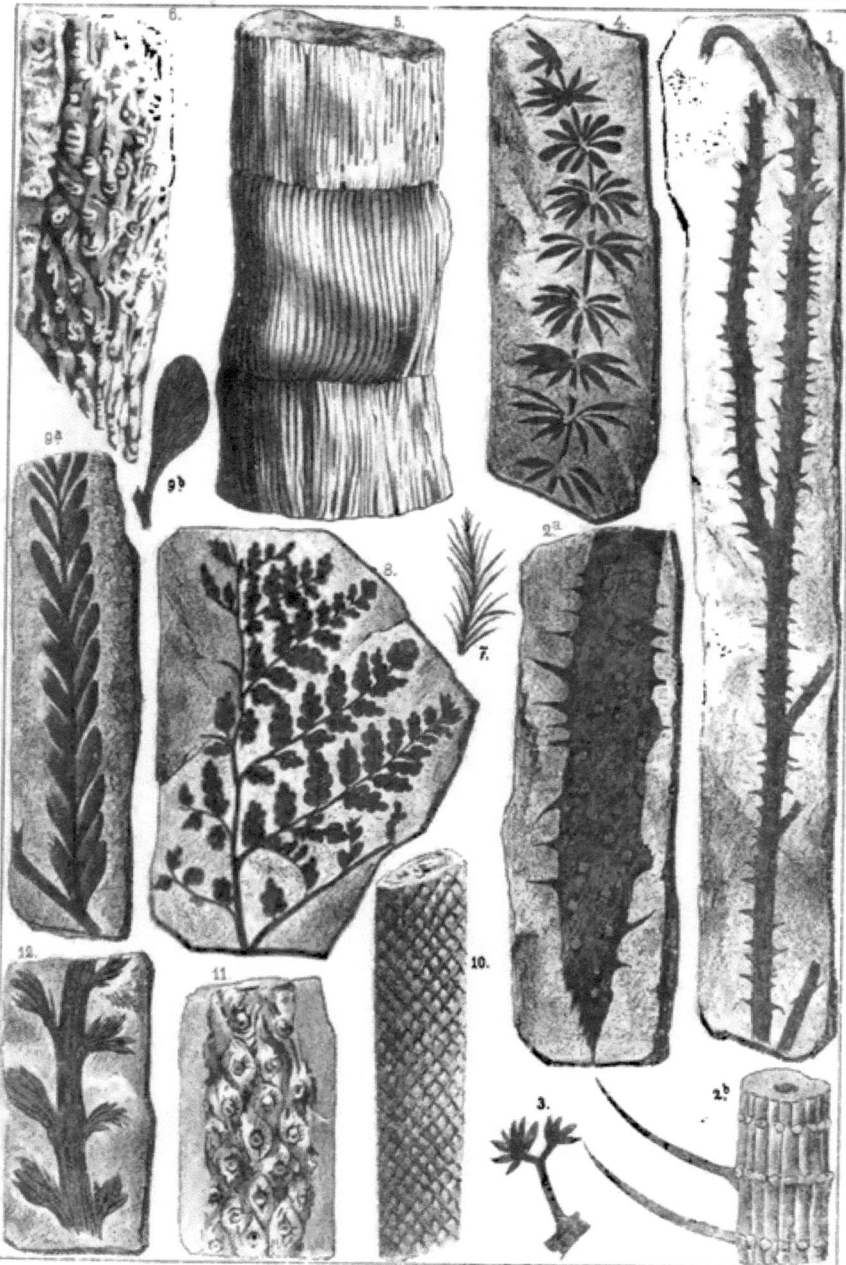

Lith.v. F Schlotterbeck.

Druck v. J. C. Henzler, Stuttgart.

Tafel 34.

Devon.

Pflanzen.

Fig. 1a. *Palaeopteris hibernica* SCHIMPER *(Cyclopteris hibernica* FORBES) von Kilkenny in Irland. Ein Stück eines Wedels.
1b. Ein einzelnes Blättchen vergrössert.

2a. *Palaeopteris Roemeriana* SCHIMPER *(Cyclopteris Roemeriana* GÖPPERT) aus oberdevonischen durch *Spirifer Verneuilii* als solchen bezeichneten und unmittelbar vom Kohlenkalk bedeckten Schieferthonen bei Moresnet unweit Aachen. Ansicht des durch den Verfasser selbst aufgefundenen im Bonner Museum befindlichen Original-Exemplars.
2b. Ein einzelnes Blättchen vergrössert. Kopien nach GÖPPERT.

3. *Sphenopteris petiolata* GÖPPERT aus dem oberdevonischen Cypridinen-Schiefer von Saalfeld in Thüringen. Kopie nach UNGER.

4. *Triphyllopteris elegans* SCHIMPER *(Cyclopteris elegans* UNGER) aus Cypridinen-Schiefer von Saalfeld in Thüringen. Ein Stück eines Wedels. Kopie nach UNGER.

5. *Cyclopteris thuringiaca* UNGER aus dem Cypridinen-Schiefer von Saalfeld in Thüringen.

6. *Asterophyllites coronatus* UNGER aus oberdevonischem Cypridinen-Schiefer von Saalfeld in Thüringen.

7. *Calamosyrinx devonica* UNGER aus dem Cypridinen-Schiefer von Saalfeld in Thüringen. Restaurirter Querschnitt des Stammes.

8. *Lycopodites pinastroides* UNGER aus dem Cypridinen-Schiefer von Saalfeld in Thüringen. Ein kleines Stammstück mit den Blattnarben.

9. *Lepidodendron nothum* UNGER aus dem Cypridinen-Schiefer von Saalfeld in Thüringen. Ein Zweigende.

Roemer, lethaea palaeoz. Taf: 34.

Tafel 35.

Ober-Devon.
(Goniatiten-Schichten.)

Fig. 1. *Spirifer simplex* PHILLIPS aus dem Kalke von Grund am Harz. Ansicht schief von der Seite.

2. *Spirifer disjunctus* DE VERNEUIL (*Spirifera calcarata* SOWERBY; *Spirifer Verneuilii* MURCHISON) von Nisme in Belgien. Grosse langgeflügelte Form.

3. *Spirifer disjunctus* DE VERNEUIL var. *Spirifer Archiaci* MURCHISON von Zadonsk am Don in Russland. Kopie nach E. DE VERNEUIL.

4a. *Strophalosia productoides* DAVIDSON (*Orthis productoides* MURCHISON; *Productus spinulosus* L. v. BUCH; *Leptaena caperata* SOWERBY) von Croyde Bay in Devonshire. Ansicht gegen die konkave Klappe.

4b. Mittlerer Durchschnitt der vereinigten Klappen. Kopien nach DAVIDSON.

5a. *Rhynchonella cuboides* PHILLIPS aus dem Kalke von Grund am Harz. Ansicht gegen die nicht durchbohrte Klappe (Dorsal-Klappe).

5b. Ansicht gegen die Stirn.

6. *Camarophoria formosa* KAYSER (*Terebratula formosa* SCHNUR) aus dolomitischen Mergeln (Schichten der *Rhynchonella cuboides*) von Büdesheim in der Eifel. Kopie nach SCHNUR.

7a. *Receptaculites Neptuni* DEFRANCE von Chimay in Belgien. Ansicht der unteren konvexen Fläche eines jungen Exemplars.

7b. Ein Stück des Gehäuses schief von der Seite gesehen. Die die rhombischen Felder der Aussen- und der Innenfläche des Gehäuses verbindenden Säulchen sind sichtbar.

7c. Ein Stück der Aussenfläche vergrössert. Die Aussen-Platten der rhombischen Felder sind ausgefallen und dadurch die Kanäle unter den Täfelchen sichtbar geworden.

8. *Pterinea Neptuni* m. (*Avicula Neptuni* GOLDFUSS) aus dolomitischen Mergeln (Schichten der *Rhynchonella cuboides* PHILL.) von Büdesheim in der Eifel. Kopie nach GOLDFUSS.

9a. *Goniatites retrorsus* L. v. BUCH aus den Goniatiten-Schiefern von Büdesheim in der Eifel. Aus Brauneisenstein bestehender Steinkern. Ansicht von der Seite.

9b. Ansicht im Profil gegen die Mündung.

9c. Die Suturen oder Kammerwandsnähte.

Roemer, lethaea palaeoz. Taf. 35.

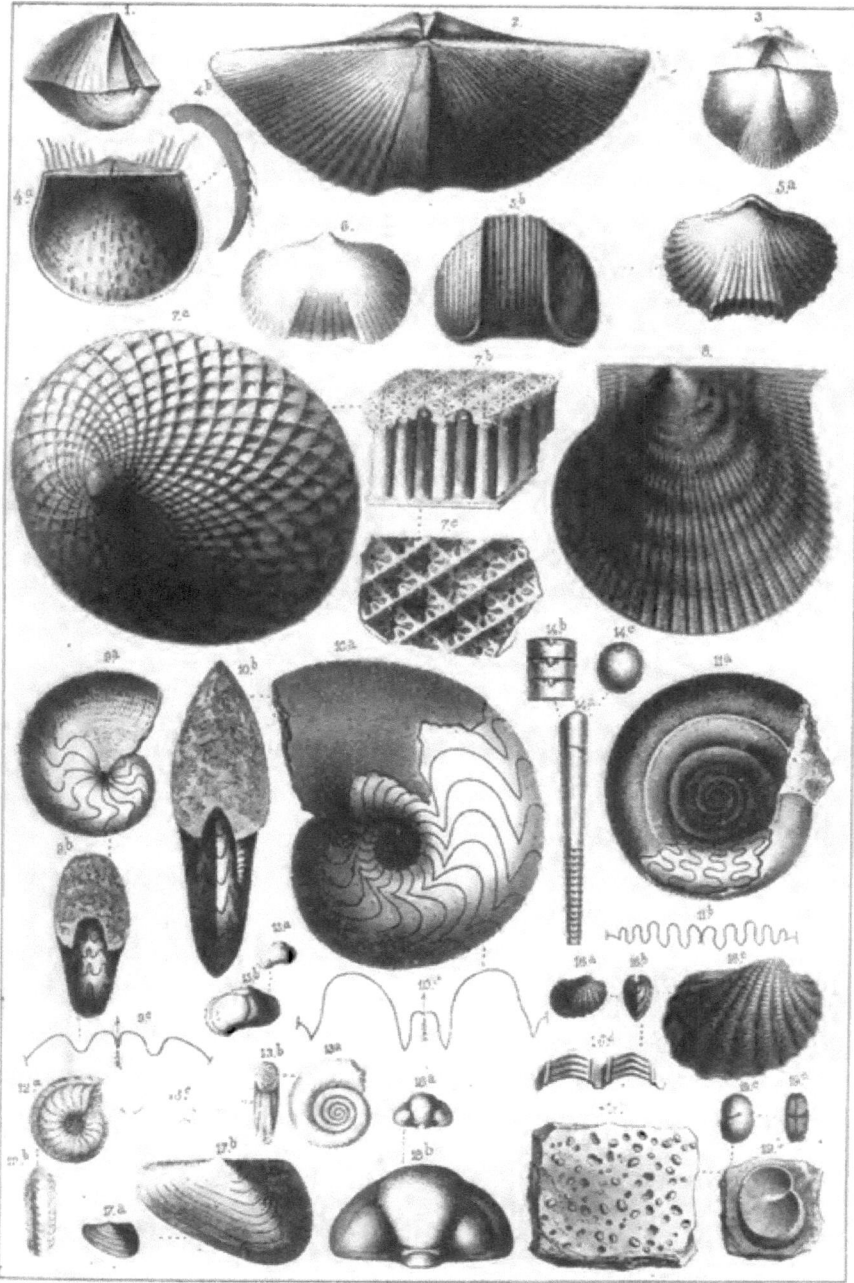

Lith. v. F. Schlotterbeck. Druck v. J. C. Henzler, Stuttgart.

Fig. 10a. *Goniatites intumescens* BEYRICH aus dem Kalke von Grund am Harze. Seiten-Ansicht eines mässig grossen Exemplars mit zum Theil erhaltener Schale.
  10b. Dasselbe im Profil gegen die Mündung gesehen.
  10c. Die Suturen oder Kammerwandsnähte.
11a. *Goniatites Becheri* D'ARCHIAC et DE VERNEUIL (*Ammonites Becheri* L. v. BUCH; *Goniatites lunulicosta* SANDBERGER) aus eisenschüssigem Kalk von Oberscheld in Nassau.
  11b. Die Suturen oder Kammerwandsnähte. Kopien nach SANDBERGER.
12a. *Goniatites auris* QUENSTEDT aus den Goniatiten-Schiefern von Büdesheim in der Eifel. Ein Steinkern von Brauneisenstein. Ansicht von der Seite.
  12b. Ansicht gegen den Rücken.
13a. *Goniatites calculiformis* BEYRICH aus rothem eisenschüssigem Kalk von Oberscheld in Nassau. Ansicht von der Seite.
  13b. Ansicht im Profil gegen die Mündung.
  13c. Die Suturen oder Kammerwandsnähte. Kopien nach BEYRICH.
14a. *Bactrites Büdesheimensis* m. (*Bactrites gracilis* SANDBERGER pars) aus den Goniatiten-Schiefern von Büdesheim in der Eifel.
  14b. Ein Stück des Gehäuses vergrössert um die randliche Lage des Sipho zu zeigen.
  14c. Vergrösserte Ansicht der konvexen Seite einer Kammerwand.
15a. *Natica (?) Ausavensis* STEININGER aus den Goniatiten-Schiefern von Büdesheim in der Eifel. Ein in Brauneisenstein verwandeltes Exemplar in natürlicher Grösse von der Seite.
  15b. Dasselbe vergrössert.
16a. *Cardiola retrostriata* KEYSERLING (*Cardium palmatum* GOLDFUSS) aus den Goniatiten-Schiefern von Büdesheim unweit Prünn in der Eifel. Ein in Brauneisenstein verwandeltes Exemplar in natürlicher Grösse von der Seite.
  16b. Dasselbe von vorn.
  16c. Vergrösserte Ansicht von 16a.
  16d. Ein Stück der Oberfläche noch stärker vergrössert.
17a. *Posidonomya (?) venusta* MÜNSTER aus den Goniatiten-Schiefern bei Kielce in Polen. Ein Exemplar in natürlicher Grösse von der Seite.
  17b. Dasselbe vergrössert.
18a. *Phacops cryptophthalmus* EMMERICH aus Goniatiten-reichen Schiefern bei Kielce in Polen. Das Kopfschild in natürlicher Grösse.
  18b. Dasselbe vergrössert.
19a. *Cypridina serratostriata* SANDBERGER aus rothen Schiefern (»Cypridinen-Schiefer«) von Weilburg in Nassau. Ein Stück des Schiefers mit zahlreichen Exemplaren in natürlicher Grösse.
  19b. Vergrösserte Ansicht der Schale von der Seite.
  19c. Vergrösserte Ansicht gegen den Bauchrand der vereinigten Klappen.
  19d. Vergrösserte Ansicht des Hohldrucks der linken Klappe.

Tafel 36.

Ober-Devon.
(Clymenien-Schichten.)

Fig. 1a. *Clymenia undulata* MÜNSTER aus dem rothen Nierenkalke von Ebersdorf bei Neurode in der Grafschaft Glatz in Schlesien. Ansicht eines grossen vollständig mit der Schale erhaltenen Exemplars des Breslauer Museums von der Seite.
1b. Im Profil gegen die Mündung gesehen.

2a. *Clymenia undulata* MÜNSTER von Ebersdorf. Ansicht eines kleineren Exemplars. Auf einem Theile des letzten Umgangs, wo die Schale fehlt, sind die Suturen oder Kammerwandsnähte sichtbar.
2b. Querschnitt eines Umgangs mit dem Sipho.
2c. Suturen oder Kammerwandsnähte.

3a. *Clymenia angustiseptata* MÜNSTER von Schübelhammer bei Elbersreuth im Fichtelgebirge. Ansicht eines als Steinkern erhaltenen Exemplars von der Seite. Auf einem Theile des letzten Umgangs sind die Suturen sichtbar.
3b. Ansicht desselben Exemplars im Profil. Kopien nach GUEMBEL.

4. *Goniatites Münsteri* L. v. BUCH (*Goniat. bidens* SANDBERGER) aus dem rothen Nierenkalk von Ebersdorf in der Grafschaft Glatz. Kopie nach TIETZE.

5a. *Clymenia paradoxa* MÜNSTER aus dem rothen Nierenkalke von Ebersdorf in der Grafschaft Glatz. Kopie nach TIETZE.
5b. Vergrösserte Ansicht nach einem Exemplare aus dem Fichtelgebirge. Kopie nach MÜNSTER.

6a. *Clymenia striata* MÜNSTER von Schübelhammer im Fichtelgebirge. Auf einem Theile des letzten Umgangs, wo die Schale fehlt, sind die Suturen oder Kammerwandsnähte sichtbar.
6b. Die Suturen oder Kammerwandsnähte der einen Seite. Kopie nach GUEMBEL.

7a. *Clymenia laevigata* MÜNSTER von Warstein in Westphalen. Ansicht eines als Steinkern erhaltenen Exemplars. Die mittleren Umgänge fehlen und nur deren Abdruck ist sichtbar. Die Einschnürungen der Wohnkammer kommen der Art nicht allgemein zu.
7b. Der Steinkern einer einzelnen Kammer mit der trichterförmigen spitzen Siphonal-Düte an dem Innenrande. Kopien nach SANDBERGER.

8a. *Clymenia planorbiformis* MÜNSTER von Gattendorf im Fichtelgebirge. Ansicht von der Seite.
8b. Im Profil gegen die Mündung.
8c. Senkrechter Durchschnitt durch die Mitte des Gehäuses.
8d. Die Suturen oder Kammerwandsnähte der einen Seite. Kopien nach GUEMBEL.

Roemer, lethaea palaeoz. Taf. 36.

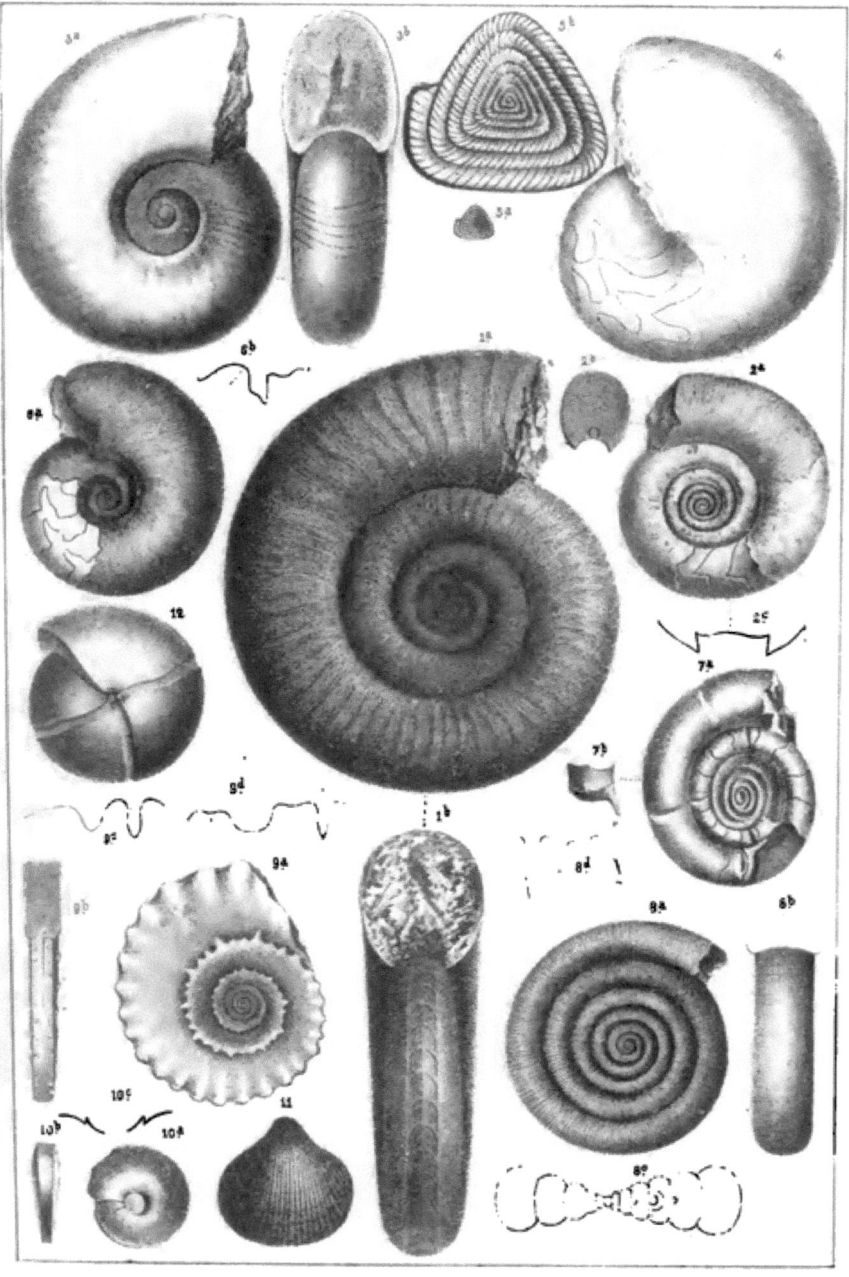

Fig. 9a. *Clymenia binodosa* MÜNSTER aus dem rothen Nierenkalke von Ebersdorf in der Grafschaft Glatz in Schlesien. Ansicht von der Seite.
    9b. Ansicht im Profil gegen die Mündung. Kopien nach TIETZE.
    9c. Die Suturen von *Goniatites subsulcatus* MÜNSTER. (Irrthümlich als 9c statt 12a bezeichnet.)
    9d. Die Suturen oder Kammerwandsnähte. Kopie nach GUEMBEL.
10a. *Goniatites planidorsatus* MÜNSTER aus dem rothen Kalke von Gattendorf im Fichtelgebirge. Ansicht von der Seite.
    10b. Im Profil gegen den Rücken.
    10c. Die Suturen oder Kammerwandsnähte; in der Mitte, weil unbekannt, unterbrochen. Kopien nach MÜNSTER.
11. *Cardiola costulata* m. (*Cardium costulatum* MÜNSTER) aus dem rothen Nierenkalke in der Grafschaft Glatz.
12. *Goniatites subsulcatus* MÜNSTER von Schöbelhammer im Fichtelgebirge. Kopie nach MÜNSTER. Fig. 9c. sind die zugehörigen Nähte oder Kammerwandsnähte.

Tafel 37.

Culm.
(Eigenthümliche den Kohlenkalk vertretende sandig thonige Facies des unteren Kohlengebirges.)

Pflanzen.

Fig. 1a. *Calamites transitionis* GÖPPERT aus dem Grauwackensandstein von Landeshut in Schlesien.

1b. Ein Stück der Oberfläche vergrössert, um die Art wie die Rippen an den Einschnürungen (ohne wie bei den übrigen Calamiten-Arten zu alterniren) von beiden Seiten zusammenstossen, zu zeigen.

2. *Knorria imbricata* STERNBERG aus dem Grauwackensandstein von Landeshut in Schlesien. Ein kleines Stammstück von der Seite.

3. *Sagenaria Veltheimiana* STERNBERG aus dem Dachschiefer von Bautsch in Mähren. Ein Stück der entrindeten Oberfläche eines Stammes nach einem Exemplare von Bautsch in Mähren.

4. *Cardiopteris frondosa* SCHIMPER (*Cyclopteris frondosa* GÖPPERT; *Cyclopteris Haidingeri* v. ETTINGSHAUSEN) aus den Dachschieferbrüchen von Altendorf bei Bautsch in Mähren.

5. *Hymenophyllites patentissimus* C. v. ETTINGSHAUSEN (*Rhodea patentissima* STUR) aus dem Dachschiefer von Bautsch.

6. *Sphenopteris divaricata* GÖPPERT aus den Dachschieferbrüchen bei Bautsch in Mähren.

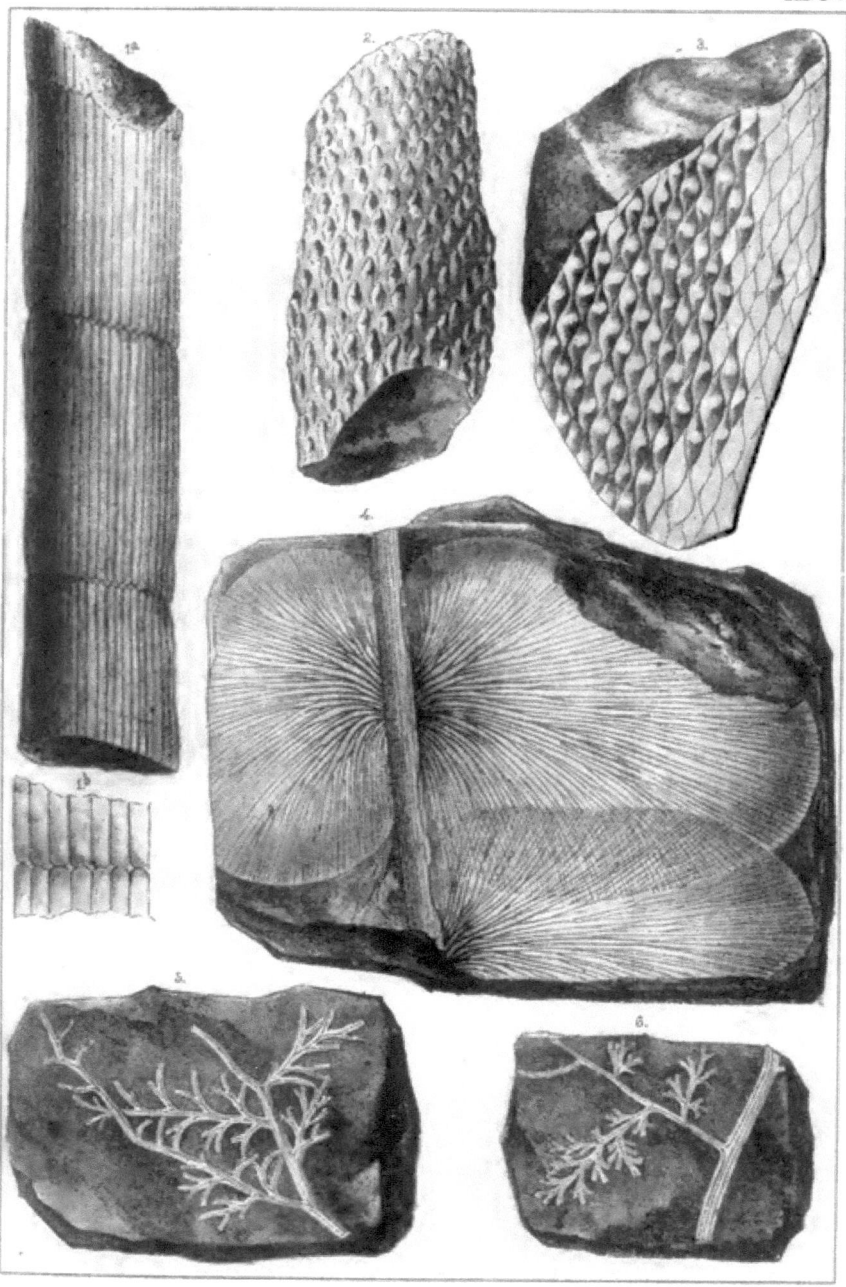

Tafel 38.

Culm.

Thiere.

Fig. 1. *Lophocrinus speciosus* H. v. MEYER (Vergl. N. Jahrb. 1858 p. 59) aus den Posidonomyen-Schiefern des Geistlichen Berges bei Herborn in Nassau. Nach einem Guttapercha-Abgusse eines Hohldrucks im Breslauer Museum. Die Gattung *Lophocrinus* steht *Poteriocrinus* nahe und unterscheidet sich namentlich durch einfache nicht getheilte Arme und durch die rankenlose Säule.

2a. *Posidonomya Becheri* BRONN vom Geistlichen Berge bei Herborn in Nassau. Grosses Exemplar der rechten Klappe.

2b. Ein Stück der Schale vergrössert. Die rechtwinkelig gegen die koncentrischen Rippen gerichteten kleinen Risse der Schale treten deutlich hervor.

2c. Ein Schieferstück von Herborn mit einem grösseren und mehreren kleineren Exemplaren auf der Oberfläche zur Erläuterung des gewöhnlichen geselligen Vorkommens der Art.

3. *Goniatites sphaericus* DE HAAN (*Nautilites sphaericus* MARTIN; *Goniatites crenistria* PHILLIPS) aus den Posidonomyen-Schiefern von Erdbach in Nassau. Ansicht eines Exemplars mit erhaltener Schale. Kopie nach SANDBERGER.

4a. *Avicula lepida* GOLDFUSS aus den Posidonomyen-Schiefern des Geistlichen Berges bei Herborn in Nassau. Ein Schieferstück mit mehreren auf der Oberfläche liegenden Exemplaren.

4b. Vergrösserte Ansicht einer linken Klappe.

5a. *Orthoceras scalare* GOLDFUSS aus Grauwackensandstein von Leobschütz in Oberschlesien. Ansicht von der Seite.

5b. Ein Stück der Oberfläche vergrössert.

6a. *Orthoceras striolatum* H. v. MEYER aus den Posidonomyen-Schiefern von Erdbach in Nassau. Ansicht eines kleinen jungen Exemplars.

6b. Ansicht eines Stücks von einem grösseren Exemplar, um die fein gestreifte Oberfläche der Schale zu zeigen.

6c. Ansicht gegen eine Kammerwand von 6a.

7a. *Pecten grandaevus* GOLDFUSS aus den Posidonomyen-Schiefern des Geistlichen Berges bei Herborn in Nassau. Ansicht der linken Klappe.

7b. Vergrössert. Kopien nach GOLDFUSS.

8a. *Goniatites mixolobus* PHILLIPS aus dem Dachschiefer von Meltsch bei Troppau in Oesterreich. Schlesien. Ein Stück Schiefer mit mehreren zusammengedrückten undeutlichen Exemplaren auf der Oberfläche.

Roemer, lethaea palaeoz.

Taf. 38.

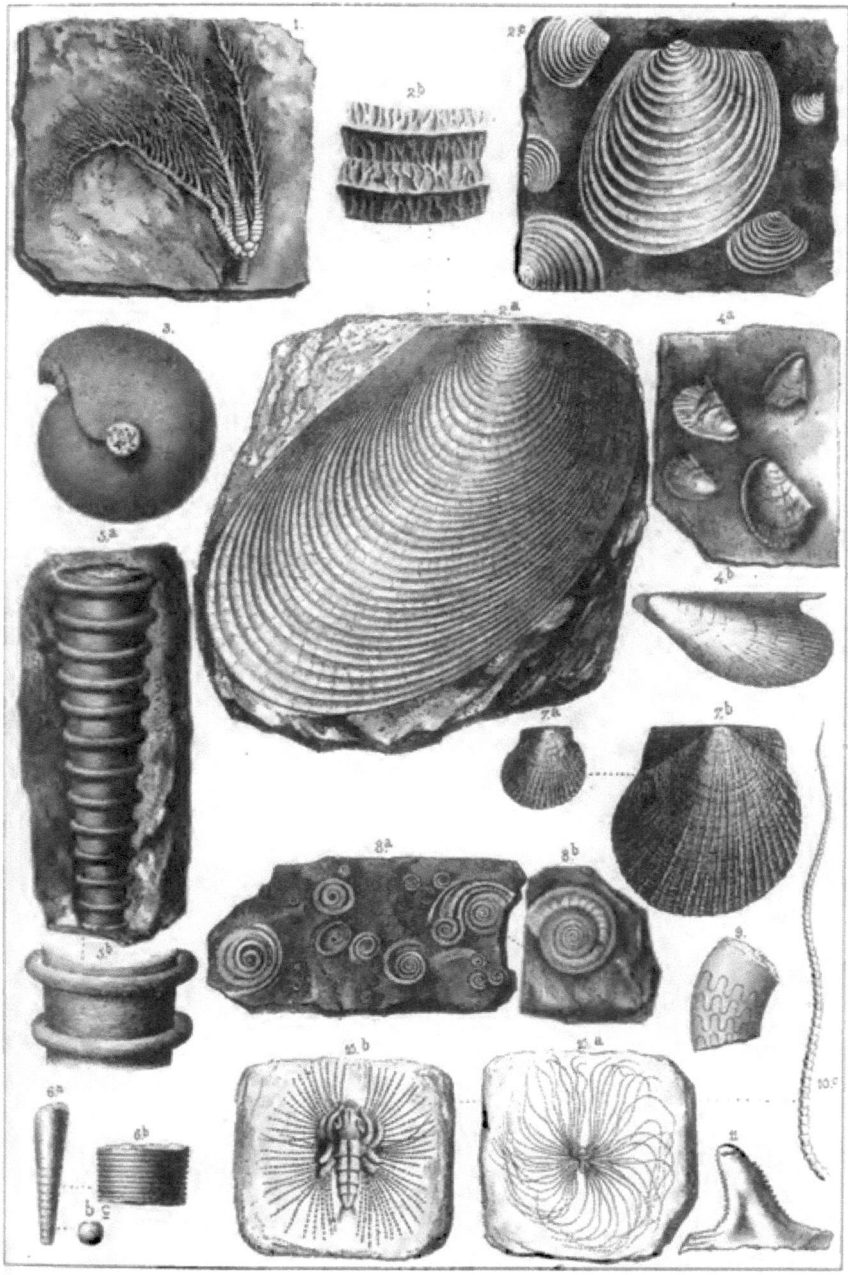

Lith. v. F. Schlotterbeck.

Druck v. J. C. Henzler, Stuttgart.

8 b. Ein grösseres aber ebenfalls zusammengedrücktes Exemplar von derselben Fundstelle.

Fig. 9. Ein **Stück des** letzten Umgangs **von** einem grossen **als** Steinkern erhaltenen Exemplar **von** Erdbach in Nassau. **Kopie** nach SANDBERGER.

10 a. *Bostrichopus antiquus* GOLDFUSS **ans den** Posidonomyen-Schiefern **des** Geistlichen Berges bei Herborn **in Nassau**. Ansicht des einzigen bekannten **im Bonner Museum** befindlichen Exemplars in natürlicher Grösse.

10 b. Vergrösserte Ansicht des Körpers **mit dem** unteren Ende **der gegliederten Anhänge**.

10 c. **Ein** einzelner der rankenförmigen gegliederten Anhänge stärker vergrössert. Kopien nach GOLDFUSS.

11. *Pristicladodus Hercynicus* **n.** sp. aus Posidonomyen-Schiefern bei Clausthal **am Harz**. Ein Zahn.

Tafel 39.

Kohlenkalk.
Korallen.

Fig. 1a. *Fusulina cylindrica* FISCHER von Mjatschkowa bei Moskau. Ein mit zahlreichen Individuen erfülltes Stück Kalkstein.
1b. Ein einzelnes Individuum in natürlicher Grösse.
1c. Vergrösserte Ansicht eines Individuums. Die äussere Schale ist zum Theil entfernt, so dass die inneren Scheidewände sichtbar geworden sind.
1d. Vergrösserter Querschnitt durch die Mitte des Gehäuses.
2a. *Amplexus coralloides* SOWERBY von Bolland in Yorkshire. Ansicht eines unvollständigen Korallenstocks von der Seite.
2b. Ansicht einer Querscheidewand mit den nur den Rand einkerbenden Stern-Lamellen.
3a. *Chaetetes radians* FISCHER von Kaluga in Russland. Ein keilförmiges Stück aus einem grösseren Korallenstock.
3b. Ein kleineres Stück vergrössert.
4. *Beaumontia Egertoni* M. EDWARDS et HAIME von Fermanagh in Irland. Ein Stück aus einem Korallenstock. Die Aussenwand einiger Zellen fehlt, so dass die konvexen und etwas blasigen Querscheidewände sichtbar werden. Kopie nach M. EDWARDS und HAIME.
5. *Lithostrotion Canadense* M. EDWARDS et HAIME von Floyd County im Staate Jowa. Ansicht des Korallenstocks von oben.
6a. *Lithostrotion junceum* M. EDWARDS et HAIME aus Derbyshire. Ein Stück des rasenförmigen Korallenstocks von der Seite.
6b. Vergrösserte Ansicht des Kelches einer Röhrenzelle. Kopien nach M. EDWARDS und HAIME.
7a. *Michelinia favosa* DE KONINCK aus dem aschenähnlichen zersetzten Kohlenkalke von Tournay in Belgien. Ein kleiner Korallenstock von oben.
7b. Derselbe von unten gesehen.
8a. *Cladochonus Michelini* DE KONINCK (*Pyrgia Michelini* M. EDWARDS et HAIME) aus dem Kohlenkalke von Tournay. Ein unvollständiger Korallenstock etwas vergrössert.
8b. Ein stärker vergrösserter einzelner Kelch.
9a. *Cyathaxonia cornu* MICHELIN von Tournay in Belgien. Der Korallenstock in natürlicher Grösse von der Seite.
9b. Vergrösserte Ansicht des Korallenstocks von der Seite. Die Kelchwand

Roemer, lethaea palaeoz.

Taf. 39.

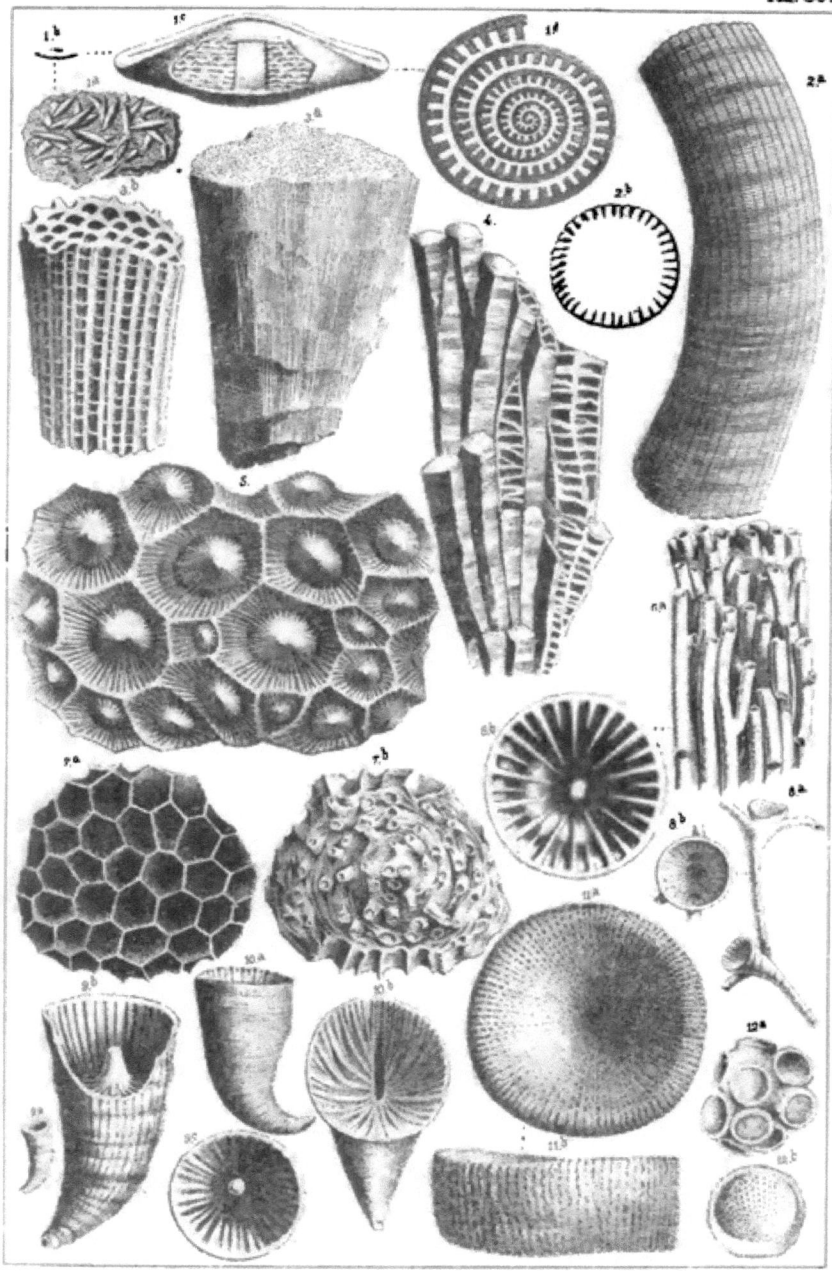

ist an der einen Seite fortgebrochen, so dass das vorragende Mittelsäulchen sichtbar ist.

9 c. Vergrösserte Ansicht des Kelches von oben.

Fig. 10 a. *Zaphrentis cornu-copiae* M. EDWARDS et HAIME von Tournay in Belgien. Ansicht des Korallenstocks von der Seite.

10 b. Ansicht eines anderen Exemplars von oben. Die Septal-Furche ist deutlich sichtbar.

11 a. *Mortieria vertebralis* DE KONINCK von Tournay in Belgien. Ansicht von oben. Nach einem Exemplare des Breslauer Museums.

11 b. Ansicht von der Seite.

12 a. *Ptychochartocyathus cyclostoma* m. (1836 *Hydnopora cyclostoma* PHILLIPS; 1844 *Astraeopora antiqua* M'COY?; 1866 *Ptychochartocyathus laxus* LUDWIG; 1869 *Palaeacis laxa* KUNTH; 1872 *Palaeacis cyclostoma* DE KONINCK) aus dem Kohlenkalke von Hausdorf in Schlesien. Der Korallenstock von oben gesehen.

J. HAIME'S (M. EDWARDS et HAIME: Hist. nat. des Corall. III, p. 171) Gattung *Palaeacis* (= *Sphenopoterium* von MEEK und WORTHEN) ist nicht mit derjenigen identisch, zu welcher *Hydnopora cyclostoma* PHILLIPS gehört. Die erstere hat einen freien und regelmässigen, unten keilförmig zugeschärften Stock, während bei der letzteren der ganz unregelmässige Korallenstock stets auf fremde Körper aufgewachsen ist. Da *Hydnopora* und *Astraeopora* für durchaus andere Körper errichtet sind, so muss trotz ihrer sprachlichen Unbequemlichkeit LUDWIG's Gattungsbenennung *Ptychochartocyathus* für die Art gebraucht werden.

Die Identität von *Palaeacis laxa* KUNTH mit *Hydnopora cyclostoma* PHILLIPS ergiebt sich mit Sicherheit aus der Vergleichung des im Breslauer Museum befindlichen Original-Exemplares von KUNTH mit gleichfalls vorliegenden Englischen Exemplaren der PHILLIP'schen Art.

12 b. Ein einzelner Kelch vergrössert.

Tafel 40.

Kohlenkalk.
Crinoiden.

Fig. 1a. *Platycrinus expansus* M'Coy aus Irland. Ansicht des Kelches gegen die unpaare Seitenfläche mit der Anal-Öffnung. Die Arme fehlen. Nach einem Exemplare des Bonner Museums.
    1b. Ansicht des Kelches von unten.
  2. *Platycrinus laevis* Miller aus Irland. Ansicht eines vollständigen Kelches mit den Armen und der langen rüsselförmigen Anal-Röhre. Kopie nach M'Coy.
  3a. *Amphoracrinus Americanus* Ferd. Roemer (*Agaricocrinus tuberosus* Hall) von White-Creek-Springs bei Nashville im Staate Tennessee. Ansicht des Kelches eines kleinen Exemplars von der Seite gegen die Anal-Öffnung.
    3b. Ansicht des Kelches von unten. Die in der Zeichnung nach oben gewendete Seite ist diejenige, wo die Anal-Öffnung liegt.
  4a. *Actinocrinus stellaris* De Koninck et Le Hon von Tournay. Ansicht des Kelches von der Seite. Die Arme sind abgebrochen.
    4b. Von unten.
  5. *Actinocrinus (Batocrinus) aequalis* Hall von Burlington am Mississippi im Staate Jowa. Ansicht des Kelches ohne die Arme von der Seite.
  6. *Actinocrinus (Dorycrinus) cornigerus* Hall von Burlington im Staate Jowa. Ansicht des Kelches gegen die Seite mit der Anal-Öffnung. Kopie nach Hall.
  7a. *Mespilocrinus Forbesianus* De Koninck von Tournay. Ansicht eines vollständigen Kelches von der Seite.
    7b. Von oben. Kopien nach De Koninck.
  8a. *Astylocrinus laevis* Ferd. Roemer aus dem Staate Indiana. Ansicht des stiellosen Kelches mit den Armen. Die Täfelchen der unteren Hälfte des Kelches sind zum Theil ausgefallen.
    8b. Ansicht des aus dem ungetheilten halbkugeligen Basal-Knopfe und dem ersten Kranze von Täfelchen (Parabasal-Stücken?) bestehenden unteren Theile des Kelches. Nach einem durch den Verfasser bei Prairie-du-Long im Staate Illinois gesammelten Exemplare des Breslauer Museums.
    8c. Ansicht eines grösseren Exemplars der knopfförmigen ungetheilten Kelch-Basis von oben. Die anastomosirenden Furchen sind wahrscheinlich Eindrücke von Gefässen.
    8d. Ansicht des in Fig. 8b. von der Seite dargestellten Stücks von unten.
  9a. *Synbathocrinus conicus* Phillips von Bolland in Yorkshire. Der Kelch ohne die Arme von der Seite gesehen. Kopie nach Phillips.

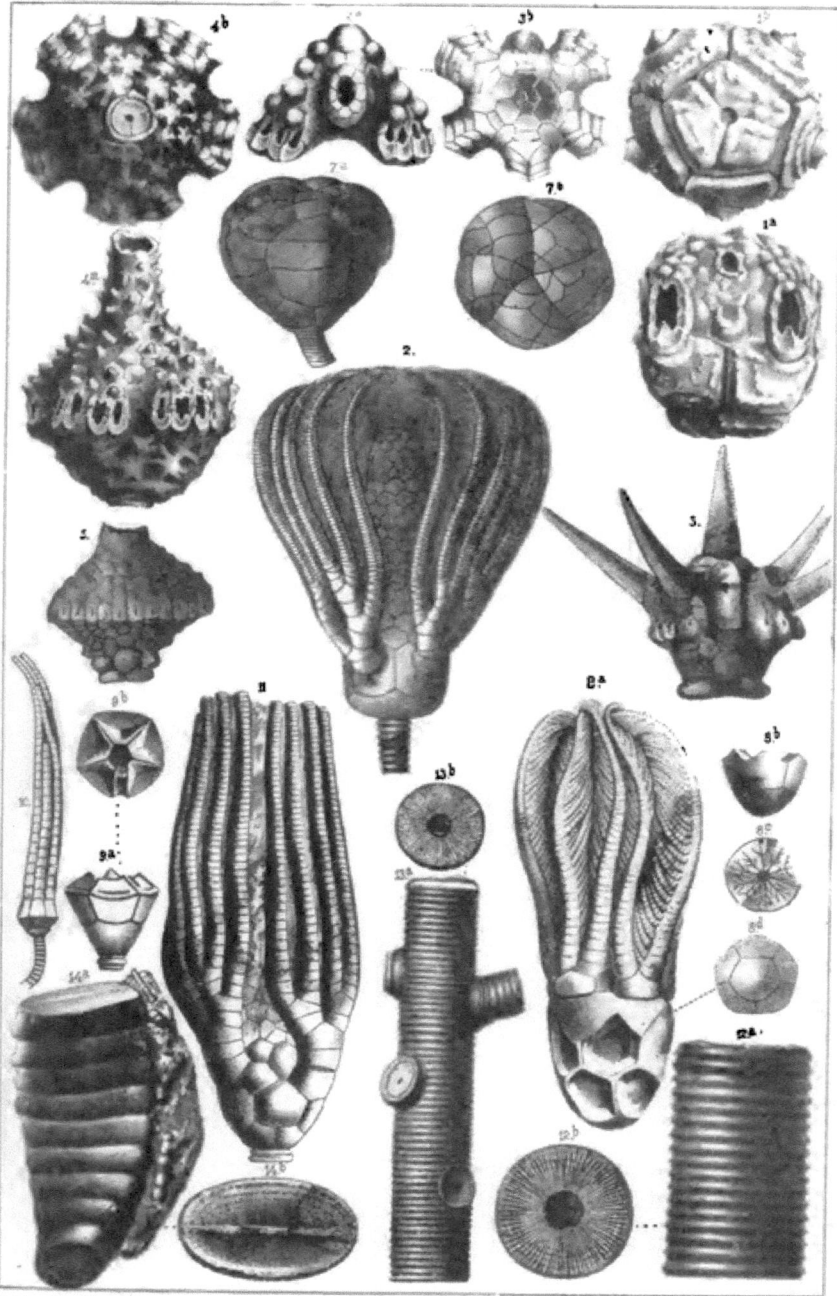

9b. Von oben gesehen.

Fig. 10. *Synbathocrinus Wortheni* HALL von Pleasant Grove im Staate Jowa. Ansicht des Kelches mit den Armen von der Seite. Nach einem durch CH. WACHSMUTH in Burlington erhaltenen Exemplare des Breslauer Museums.

11. *Poteriocrinus multiplex* TRAUTSCHOLD (Einige Crinoideen und andere Thierreste des jüngeren Bergkalkes im Gouvern. Moskau. Bullet. natural. Moscou 1867, p. 6. Taf. II.) von Miatschkowa bei Moskau. Ansicht des Kelches gegen die unpaare Seite mit den Interradialstücken. Das obere Ende der Arme fehlt. Nach einem durch TRAUTSCHOLD erhaltenen Exemplare des Breslauer Museums.

12a. *Poteriocrinus crassus* MILLER von White-Creek-Springs bei Nashville in Tennessee. Ein Stück der Säule eines grossen Exemplars.

12b. Ansicht der Gelenkfläche eines Säulengliedes mit dem Nahrungs-Kanal.

13a. *Poteriocrinus crassus* MILLER von Prairie-du-Long im Staate Illinois. Ein Stück der Säule mit den unteren Enden der abgebrochenen Ranken (Cirri). Nach einem durch den Verfasser gesammelten Exemplare des Breslauer Museums.

13b. Ansicht der Gelenkfläche eines Säulengliedes.

14a. *Platycrinus grandistylus* n. sp. von Warsaw im Staate Illinois. Ein Stück der Säule von der Seite. An den Kanten die Narben der zweireihig stehenden Ranken (Cirri). Die Säule ist in der Art spiralig gedreht, dass die Längsachse der Gelenkfläche des obersten Säulengliedes des abgebildeten Stücks rechtwinkelig gegen die Richtung der Längsachse der Gelenkfläche des untersten Säulengliedes steht. Nach einem Exemplare des Breslauer Museums.

14b. Ein einzelnes Säulenglied gegen die Gelenkfläche gesehen.

Tafel 41.

Kohlenkalk.
Blastoideen und Echiniden.

Fig. 1a. *Pentatrematites sulcatus* Ferd. Roemer (*Pentremites cherokeeus* Hall) von Prairie-du-Long unweit Belleville im Staate Illinois. Der Kelch von der Seite.
1b. Von oben.
1c. Von unten.

2a. *Pentatrematites sulcatus* Ferd. Roemer; ein etwas zusammengedrücktes Exemplar mit den den Pseudambulacral-Feldern anliegenden armartigen gegliederten Anhängen von Huntsville im nördlichen Theile des Staates Alabama.
2b. Ein einzelner der armartigen Anhänge vergrössert.

3a. *Pentatrematites florealis* Say von Louisville im Staate Kentucky. Ansicht von der Seite.
3b. Von oben.
3c. Von unten.

4. Vergrösserte Ansicht eines einzelnen Pseudambulacral-Feldes von *Pentatrematites florealis* Say; durch Verwitterung sind die Querreifen und Querfurchen der Oberfläche verwischt und die Nähte der das Feld zusammensetzenden Stücke sichtbar geworden, nämlich des mittleren lanzettförmigen Stücks (Lanzett-Stücks) und der zu beiden Seiten desselben liegenden kleineren Stücke (Porenstücke und Supplementär-Porenstücke).

5. *Pentatrematites ellipticus* Sowerby aus dem Kohlenkalk von Bolland in Yorkshire. Kopie nach Phillips.

6. *Pentatrematites pyriformis* Say von Chester im Staate Illinois. Exemplar mit der sehr selten erhaltenen Säule. Kopie nach J. Hall.

7. *Pentatrematites conoideus* Hall aus dem Kohlenkalke von Spurgen Hill im Staate Indiana. Vergrösserte Ansicht des Scheitels; die sonst fast immer ausgefallenen die Scheitelöffnungen schliessenden kleinen Stücke sind erhalten. Kopie nach Shumard: Description of new species of Blastoidea from the palaeoz. rocks of the western States in Transact. Acad. sc. St. Louis Vol. I. Taf. 8. Fig. 4.

8a. *Codonaster acutus* M'Coy aus dem Kohlenkalke von Bolland in Yorkshire. Ansicht von der Seite.
8b. Von unten.
8c. Vergrösserte Ansicht der Scheitelfläche. Nach Exemplaren des Breslauer Museums.

Roemer, lethaea palaeoz.

Taf. 41.

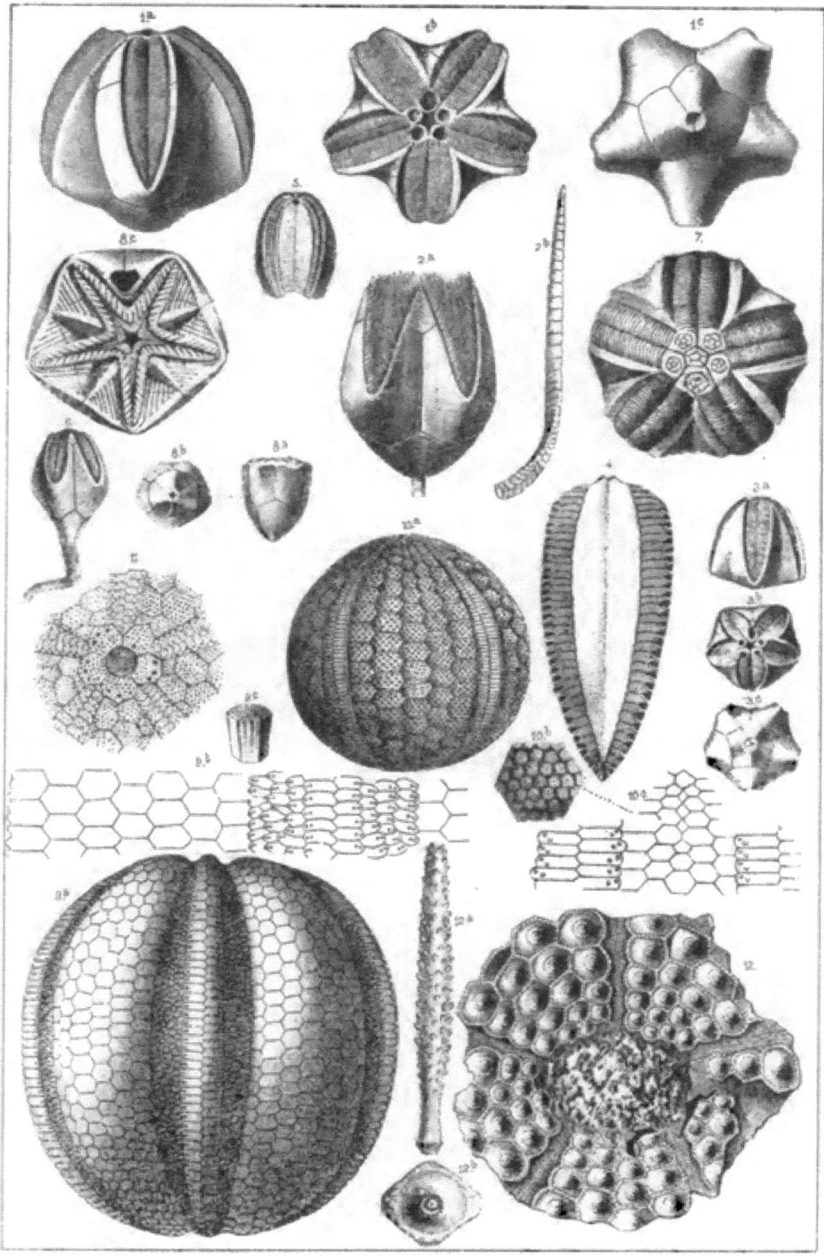

Lith. v. F. Schlotterbeck.

Druck v. J. C. Henzler, Stuttgart.

Fig. 9a. *Melonites multipora* NORWOOD et OWEN aus dem Kohlenkalke von St. Louis im Staate Missouri. Ansicht eines kleineren Exemplars von der Seite.

9b. Skizze eines Stücks der Schale aus der Mitte, die Anordnung und Form der Täfelchen in den Interambulacral-Feldern und in den Ambulacral-Feldern zeigend.

9c. Eines der die Interambulacral-Felder zusammensetzenden Stücke von der Seite. Die Dicke grösser als die Breite. Kopien nach FERD. ROEMER: Über den Bau von *Melonites multipora* u. s. w. in Troschel's Archiv für Naturgesch. 1855.

10a. *Palaechinus elegans* M'COY aus Kohlenkalk in Irland. Ansicht der Schale von der Seite.

10b. Ein einzelnes Täfelchen der Interambulacral-Felder mit der granulirten Oberfläche.

10c. Skizze der Täfelchen-Zusammensetzung der Schale. Ein Stück eines Interambulacral-Feldes mit fünf Täfelchenreihen in der Mitte und zu beiden Seiten die Doppelreihen von schmalen durchbohrten Täfelchen der beiden angrenzenden Ambulacral-Felder. Kopien nach M'COY.

11. *Palaechinus sphaericus* SCOULER aus dem Kohlenkalke von Kirkby-Stephen in Westmoreland. Skizze des flachgedrückten Scheitels mit den 5 Genital-Platten, von denen 4 gleiche von 3 Poren durchbohrt sind, die fünfte ungleiche nur von einer. Kopie nach DE KONINCK. Sur quelques Echinod. remarq. des terr. paléoz. in Bullet. Acad. sc. Bruxelles 2ème Ser. Tom. XXVII. p. 38. Fig. 1.

12a. *Archaeocidaris Rossicus* M. V. K. von Mjatschkowa bei Moskau. Ein Stachel.

12b. Ein sechsseitiges Täfelchen der Interambulacral-Felder.

13. *Archaeocidaris Wortheni* HALL von St. Louis im Staate Missouri. Ansicht eines zusammengedrückten Exemplars von oben. Die Genital-Platten fehlen. Kopie nach J. HALL.

Tafel 42.

Kohlenkalk.
Bryozoen und Brachiopoden.

Fig. 1a. *Polypora dendroides* M'Coy (M'Coy Synops. p. 206. Pl. XXIX. Fig. 9) von Kildare in Irland; der fächerförmige Bryozoen-Stock in natürlicher Grösse. Kopie nach M'Coy.
1b. Ein Stück der zellentragenden Oberfläche vergrössert.
2a. *Fenestella Archimedis* FERD. ROEMER (*Retepora Archimedes* LESUEUR; *Archimedipora Archimedis* D'ORBIGNY) von Prairie-du-Long bei Belleville im Staate Illinois. Ein Stück des Bryozoen-Stocks im Gestein. Nach einem von dem Verfasser gesammelten Exemplare des Breslauer Museums.
2b. Die schraubenförmige Achse des Bryozoen-Stocks von einem grösseren Exemplare von Warsaw im Staate Illinois. Die netzförmigen Ausbreitungen des Bryozoen-Stocks sind vollständig abgebrochen.
2c. Ein Stück der zellentragenden inneren d. i. nach oben gewendeten Fläche der netzförmigen Ausbreitungen des Bryozoen-Stocks.
3a. *Fenestella formosa* M'Coy aus Irland. Der Bryozoen-Stock in natürlicher Grösse.
3b. Ein Stück der zellentragenden Oberfläche vergrössert.
4a. *Ichthyorachis Newenhami* M'Coy (Synops. carb. foss. p. 205. Pl. XXIX. Fig. 8) von Clare County in Irland. Kopie nach M'Coy.
4b. Ein Stück der Oberfläche des Mittel-Stammes vergrössert.
5a. *Crania quadrata* M'Coy von Carluke in Schottland auf ein gestreiftes Muschelschalstück aufgewachsen.
5b. Dasselbe Exemplar vergrössert. Kopien nach DAVIDSON.
6. *Productus longispinus* SOWERBY aus Yorkshire mit erhaltenen Stacheln. Kopie nach DAVIDSON.
7. *Productus giganteus* SOWERBY aus dem Kohlenkalke von Karowa bei Kaluga in Russland. Kleines Exemplar.
8. *Productus semireticulatus* FLEMING von Visé in Belgien. Ansicht gegen die grössere Klappe.
9. Die kleinere Klappe. Ansicht der Innenfläche.
10a. *Lingula squamiformis* PHILLIPS von Carluke in Schottland.
10b. Ansicht der Innenfläche der grösseren Klappe. Kopie nach DAVIDSON.

Roemer, lethaea palaeoz. Taf: 42.

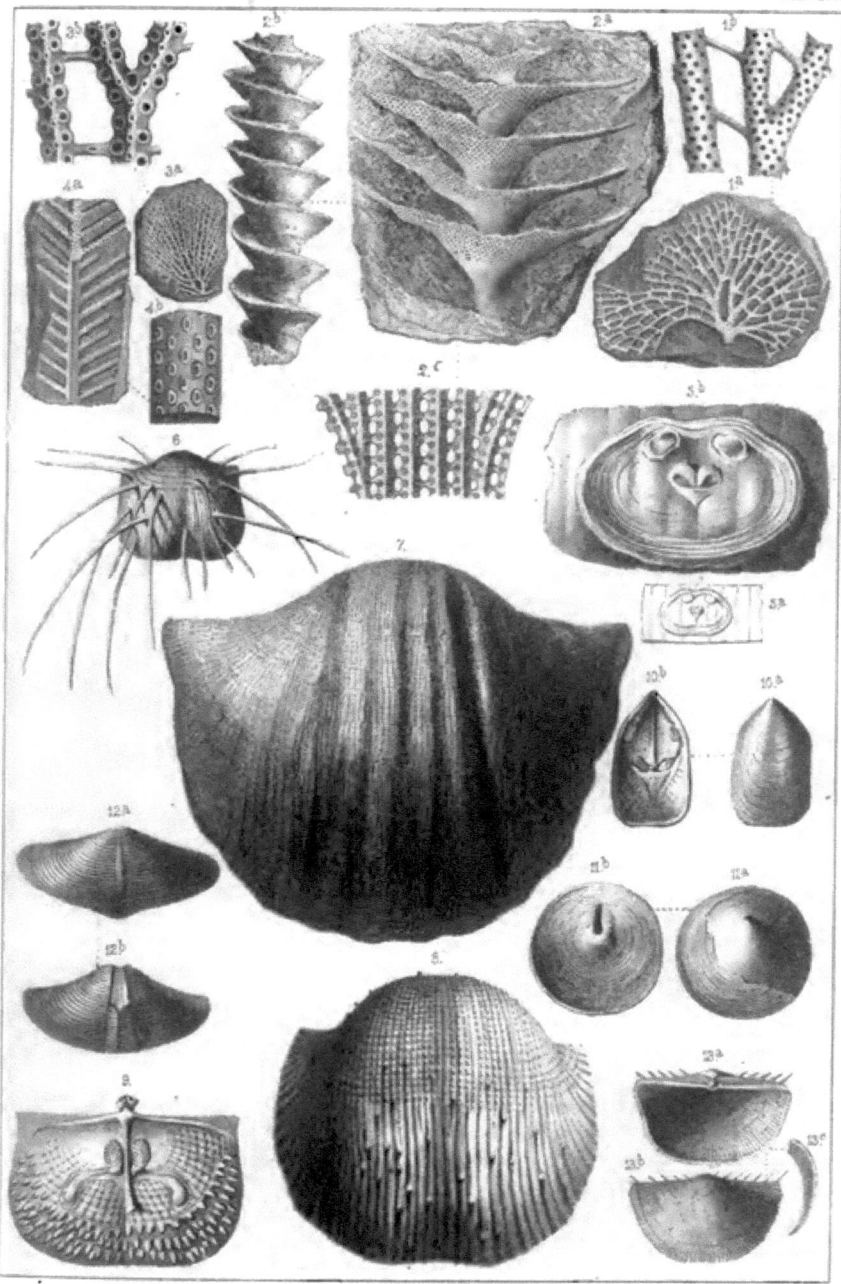

Lith. v. F. Schlotterbeck. Druck v. J. C. Hanzler, Stuttgart.

Fig. 11a. *Discina nitida* DAVIDSON *(Orbicula nitida* PHILLIPS) von Carluke in Schottland. Ansicht der grösseren oberen Klappe. Die obere Schalschicht fehlt grossentheils.

11b. Ansicht der kleineren durchbohrten Klappe.

12a. *Aulacorhynchus Pachti* A. DITTMAR (Palaeontol. Notizen. Über ein neues Brachiopoden-Geschlecht aus dem Bergkalk St. Petersburg 1871. Taf. 1. F. 1—13) von Steschowa im Gouvernement Twer in Russland. Ansicht der konvexen Klappe.

12b. Dieselbe Klappe, bei der aber die äussere Schalschicht in der Nähe des Schnabels fehlt, so dass die innere einen pfriemenförmigen Hohlraum begrenzende Lamelle sichtbar wird.

13a. *Chonetes Hardrensis* PHILLIPS von Dunbar in Schottland. Ansicht gegen die kleinere konkave Klappe.

13b. Ansicht gegen die grössere gewölbte Klappe.

13c. Mittlerer Schnitt durch die vereinigten Klappen.

Tafel 43.

Kohlenkalk.
Brachiopoden.

Fig. 1. *Terebratula hastata* Sowerby von Limerick in Irland. Das Original-Exemplar Sowerby's. Wie alle anderen Figuren dieser Tafel nach Davidson copirt.
2. *Rhynchonella pugnus* Davidson (*Terebratula pugnus* Sowerby) von Bolland in Yorkshire.
3. *Rhynchonella acuminata* Morris (*Terebratula acuminata* Sowerby) aus dem Kohlenkalke von Settle in Yorkshire.
4. *Orthis resupinata* De Koninck (*Terebratula resupinata* Sowerby) von Millecent in Irland. Kleines Exemplar.
5. *Orthis Michelini* Leveillé von Clattering Dykes in Yorkshire. Auf einem Theile der Oberfläche ist die stachelige äusserste Schalschicht erhalten.
6a. *Streptorhynchus crenistria* Davidson (*Spirifer crenistria* Phillips) von Denwell in Northumberland.
   6b. Senkrechter Durchschnitt durch die Mitte der vereinigten Klappen.
7. *Athyris lamellosa* Davidson (*Spirifer lamellosus* Leveillé) von Settle in Yorkshire.
8. *Retzia serpentina* Davidson (*Terebratula serpentina* De Koninck; *Terebratula Verneuiliana* Hall) von Belleville im Staate Illinois.
9. *Spirifer striatus* Sowerby von Bolland in Yorkshire. Exemplar des Museums von Cambridge. Die kleinere Klappe ist zum Theil entfernt, um die Spiral-Kegel zu zeigen.
10. *Spirifer pinguis* Sowerby von Millecent in Irland.
11. *Spirifer glaber* Sowerby von Carluke in Lanarkshire (Schottland). Junges Exemplar.
12. *Spirifer striatus* Sowerby von Millecent in Irland. Exemplar mittlerer Grösse.
13. *Spirifer laminosus* M'Coy von Hook in Irland.
14. *Spirifer cuspidatus* Sowerby von Cork in Irland.
15. *Cyrtina septosa* Davidson (*Spirifera septosa* Phillips) von Longnor in Staffordshire.

Roemer, lethaea palaeoz. Taf: 43

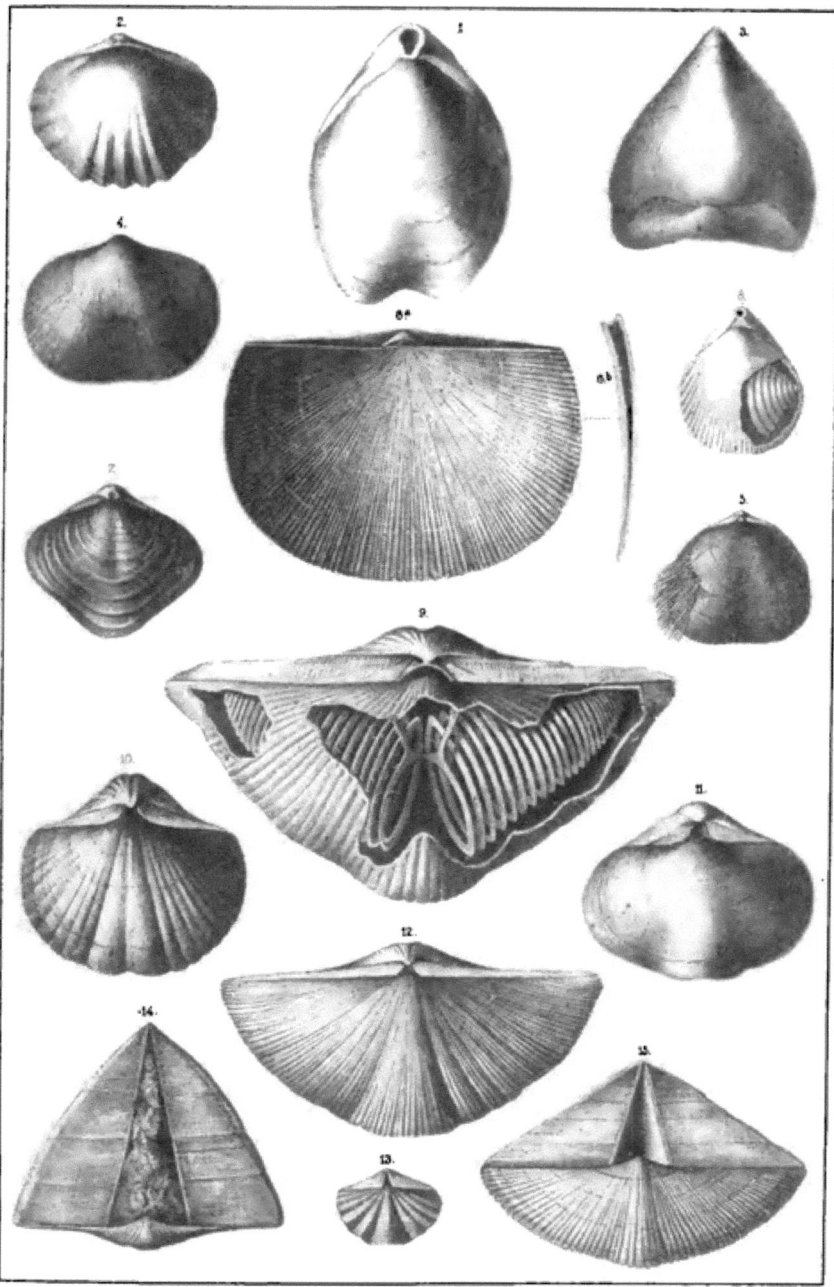

Tafel 44.

Kohlenkalk.
Lamellibranchiaten.

Fig. 1. *Aviculopecten papyraceus* M'Coy (*Pecten papyraceus* Sowerby; *Avicula papyracea* Goldfuss) aus dem Kohlenschiefer von Werden an der Ruhr.

2. *Allorisma sulcatum* King (*Hiatella sulcata* Fleming; *Allorisma regularis* de Verneuil; *Sanguinolites sulcatus* M'Coy) von Sloboda im Gouvernement Tula in Russland.

3a. *Conocardium hibernicum* Agassiz (*Cardium hibernicum* Sowerby) von Tournay in Belgien. Ansicht der linken Klappe. Die äussere Schalschicht fehlt zum Theil und es treten desshalb die radialen Strukturstreifen hervor.
3b. Ansicht der vereinigten Klappen von unten.
3c. Ansicht des Schlosses der linken Klappe.

4a. *Conocardium aliforme* Bronn (*Cardium alaeforme* Sowerby) von Ratingen bei Düsseldorf. Ansicht von der Seite.
4b. Von oben.
4c. Von vorn.

5a. *Cardiomorpha oblonga* Morris (*Isocardia oblonga* Sowerby) von Kildare bei Dublin. Ansicht von der Seite.
5b. Ansicht eines etwas grösseren Exemplars von vorn.

6. *Pecten ellipticus* Phillips aus dem mergeligen Kohlenkalke von Altwasser bei Waldenburg in Nieder-Schlesien.

7. *Pecten granosus* Sowerby aus dem mergeligen Kohlenkalke von Altwasser bei Waldenburg in Nieder-Schlesien.

8. *Edmondia oblonga* M'Coy von Lowick in Northumberland. Ansicht des Steinkerns von der Seite. Kopie nach M'Coy.

9a. *Anthracosia acuta* King (*Unio acutus* Sowerby) von Halifax in England. Ansicht von der Seite.
9b. Ansicht eines Steinkerns im Profil von vorn; durch Verschiebung der beiden Klappen gegen einander etwas unsymmetrisch erscheinend.

10. *Pinna spatula* M'Coy aus Derbyshire. Kopie nach M'Coy.

11a. *Leda attenuata* Morris (*Nucula attenuata* Fleming; *Nucula claviformis* Phillips) von Bolland in Yorkshire. Ansicht von der Seite.
11b. Von oben gegen die Wirbel.

Roemer, lethaea palaeoz. Taf. 44.

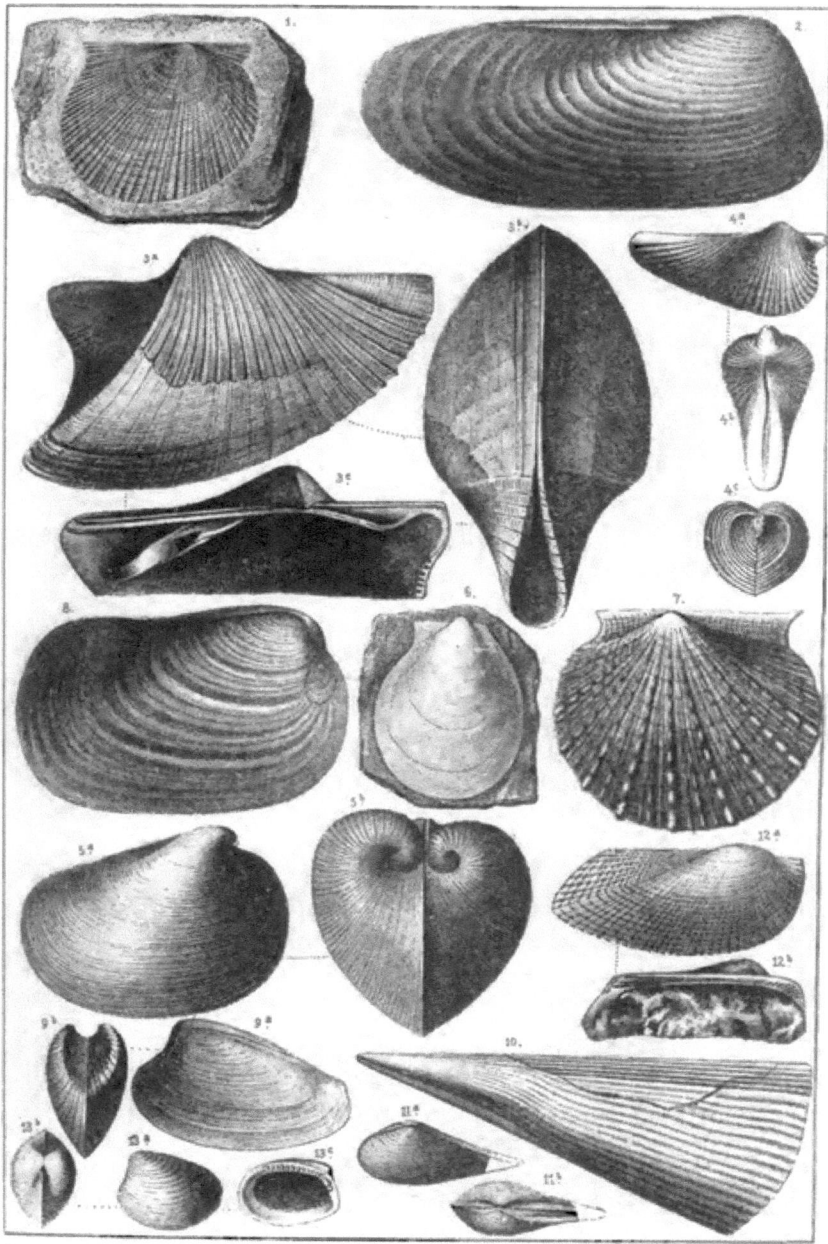

Lith. v. F. Schlotterbeck. Druck v. J. C. Henzler, Stuttgart.

Fig. 12a. *Arca Kingiana* DE VERNEUIL aus dem Kohlenkalke des Dioma-Thals im Gouvernement Orenburg. Kopie nach DE VERNEUIL.

12b. *Arca M'Coyana* DE KONINCK von Visé in Belgien. Das Schloss der linken Klappe. Kopie nach DE KONINCK.

13a. *Nucula gibbosa* FLEMING (*Nucula tumida* PHILLIPS) aus den Kohlenschiefern (coal measures) von Hohenlohehütte in Oberschlesien. Ansicht von der Seite.

13b. Von oben gegen die Wirbel.

13c. Die Innenseite der linken Klappe.

Tafel 45.

Kohlenkalk.
Gastropoden.

Fig. 1. *Bellerophon hiulcus* SOWERBY von Visé in Belgien. Kopie nach DE KONINCK.
2a. *Bellerophon Urii* FLEMING aus dem Kohlengebirge der Carolinen-Grube bei Hohenlohehütte in Ober-Schlesien. Auf dem letzten Theile des äusseren Umgangs hören die Spiral-Reifen auf.
2b. Ein Exemplar von der Seite.
3. *Bellerophon tenuifascia* SOWERBY von Tournay in Belgien. Ansicht von vorn gegen die Mündung. Das feine, dem Spalte an der Mündung entsprechende mittlere Band ist aus Versehen von dem Zeichner nicht angegeben.
4. *Bellerophon decussatus* FLEMING von Kulkeagh in Irland.
5a. *Conularia quadrisulcata* SOWERBY von Coalbrook Dale. Ansicht von der Seite. Das untere Ende fehlt.
5b. Ansicht des Querschnitts.
6a. *Pleurotomaria catenata* DE KONINCK von Visé in Belgien.
6b. Einige der seitlichen Oeffnungen vergrössert. Kopien nach DE KONINCK.
7. *Euomphalus tuberculatus* DE KONINCK von Tournay in Belgien.
8a. *Porcellia Puzosi* LEVEILLÉ von Tournay in Belgien. Ansicht von der Seite.
8b. Im Profil gegen die Mündung.
9. *Euomphalus Dionysii* BRONN von Ratingen bei Düsseldorf.
10a. *Euomphalus pentangulatus* SOWERBY von Kildare bei Dublin. Ansicht von oben.
10b. Von der Seite.
10c. Von unten.
11a. *Natica variata* PHILLIPS von Bolland in Yorkshire. Ansicht von der Seite.
10b. Gegen die Mündung. Kopien nach PHILLIPS. Durch Unachtsamkeit des Zeichners sind die Figuren beim Kopiren umgekehrt, so dass das Gehäuse links gedreht erscheint.
12. *Murchisonia Verneuiliana* DE KONINCK von Visé in Belgien. Kopie nach DE KONINCK.
13. *Naticopsis elliptica* (*Natica elliptica* PHILLIPS; *Naticopsis Phillipsii* M'COY) von Kildare bei Dublin.
14. *Macrochilus acutus* DE KONINCK (*Buccinum acutum* SOWERBY) von Tournay in Belgien.

Roemer, lethaea palaeoz.

Taf: 45.

Lith. v. F. Schlotterbeck.

Druck v. J. C. Hanzler, Stuttgart.

Fig. 15. *Pleurotomaria Yvanii* DE KONINCK (*Trochus Yvanii* LEVEILLÉ) von Tournay in Belgien. Kopie nach DE KONINCK.

16a. *Pupa vetusta* DAWSON (Air-breathers of the coal Period p. 67. Pl. VI, fig. 49, 50) aus dem Steinkohlengebirge (coal measures) von Neuschottland in natürlicher Grösse und zwar in der aus Kohle und Sandstein bestehenden Ausfüllung eines aufrechtstehenden Baumstamms.

16b. Vergrössert. Kopien nach DAWSON.

17. *Chemnitzia Lefebvrei* DE KONINCK von Visé in Belgien. Kopie nach DE KONINCK.

18. *Pleurotomaria ornatissima* DE KONINCK von Visé in Belgien. Kopie nach DE KONINCK.

19. *Acroculia neritoides* (*Pileopsis neritoides* PHILLIPS) von Tournay in Belgien.

20. *Acroculia vetusta* PHILLIPS (*Pileopsis vetusta* SOWERBY) von Kildare bei Dublin.

21a. *Metoptoma imbricata* PHILLIPS von Bolland in Yorkshire. Ansicht von oben.

21b. Von der Seite. Kopien nach PHILLIPS.

22a. *Chiton priscus* MÜNSTER von Tournay in Belgien. Ansicht des Gehäuses von oben. Kopie nach DE KONINCK.

22b. Die beiden hintersten Schalstücke, von der Seite gesehen.

22c. Das hintere Eckstück, von innen gesehen.

Tafel 46.

Kohlenkalk.
Cephalopoden.

Fig. 1. *Orthoceras giganteum* Sowerby (*Actinoceras pyramidatum* M'Coy) von Castle Espie in Irland. Ein Stück des Gehäuses, in der Mittelebene getheilt, mit dem perlschnurförmigen Sipho. Die Kammern mit Kalkspath ausgefüllt und die Kammerwände undeutlich. Kopie nach M'Coy.

2 a. *Cyrtoceras tessellatum* De Koninck von Visé in Belgien. Von der Seite gesehen.
2 b. Der Querschnitt am stärkeren Ende.

3 a. *Gyroceras aigoceras* De Koninck (*Cyrtoceras aigoceras* Münster) von Tournay in Belgien. Ansicht eines fast vollständigen Exemplars von der Seite.
3 b. Eine Kammerwand mit dem Sipho.

4 a. *Cyrtoceras unguis* De Koninck aus dem Kohlenkalke von Tournay in Belgien. Ansicht von der Seite.
4 b. Ansicht des Querschnitts am stärkeren Ende.

5 a. *Orthoceras dilatatum* De Koninck von Tournay in Belgien. Ansicht eines unvollständigen kleinen Exemplars von der Seite.
5 b. Ansicht der das obere Ende begrenzenden Kammerwand.

6. *Nautilus bilobatus* Sowerby von Coalbrook Dale in England. Ansicht eines kleinen Exemplars im Profil gegen die letzte Kammerwand.

7 a. *Nautilus concavus* Sowerby von Nolin Furnace im Staate Kentucky.
7 b. Dasselbe Exemplar von vorn gegen die letzte Kammerwand gesehen.

8 a. *Nautilus Koninckii* d'Orbigny von Tournay in Belgien. Ansicht von der Seite. Die grosse centrale Oeffnung deutlich sichtbar. Der letzte Umgang fehlt.
8 b. Ansicht desselben Exemplars im Profil gegen die Mündung.

9 a. *Nautilus cariniferus* Sowerby aus dem Kohlenkalke von Kildare bei Dublin. Ansicht eines nicht ganz ausgewachsenen Exemplars von der Seite. Das Centrum des Nabels, soweit es schwarz schraffirt ist, sollte nicht geschlossen, sondern als runde Oeffnung dargestellt sein.
9 b. Ein Stück der Aussenfläche des letzten Umgangs mit dem tiefen bogenförmigen Ausschnitte der Mündung.
9 c. Der Querschnitt des letzten Umgangs.

Roemer, lethaea palaeoz.

Taf. 46.

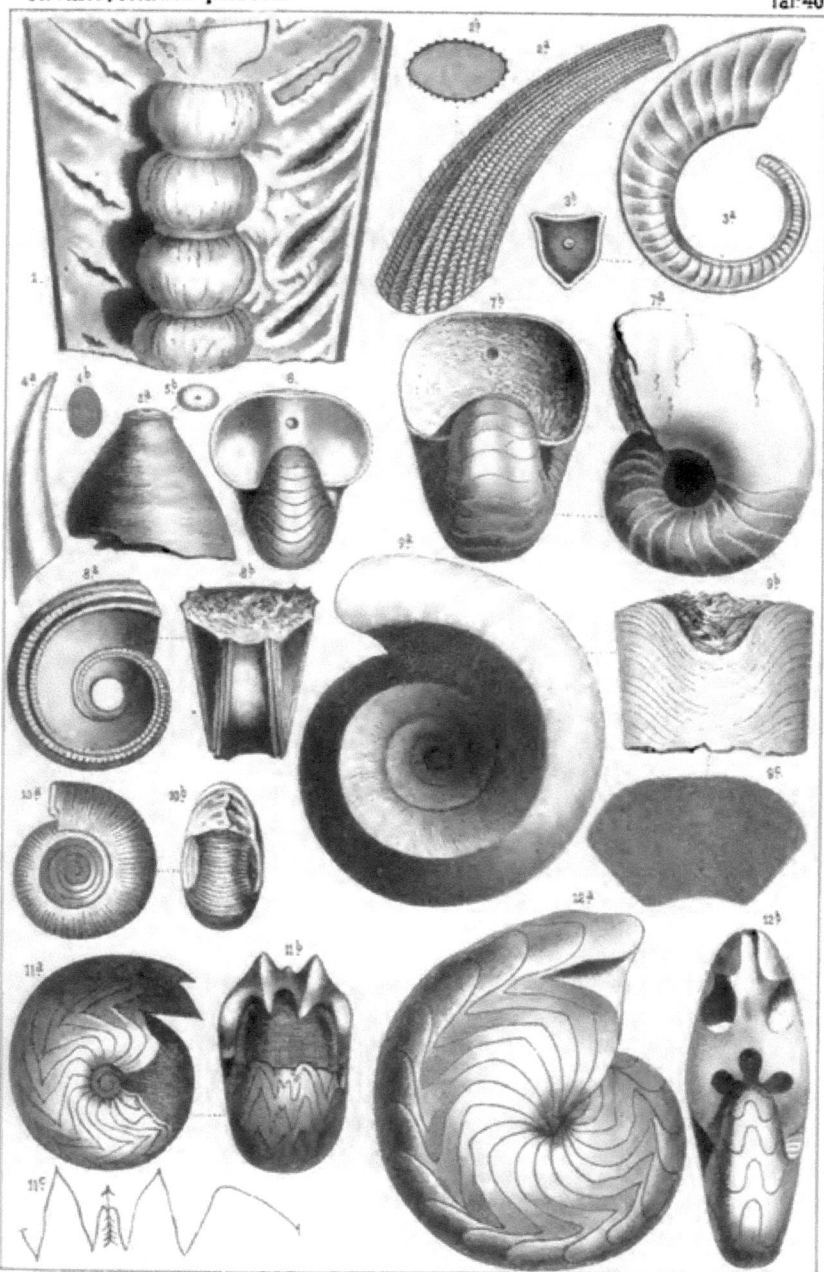

Lith.v. F. Schlotterbeck

Druck v. J.C. Henzler Stuttgart

Fig. 10a. *Goniatites Listeri* PHILLIPS aus dem Kohlengebirge von **Hohenlohehütte** in Oberschlesien. Ansicht von der Seite.
10b. Im Profil gegen die Mündung.
11a. *Goniatites sphaericus* aus dem Kohlenkalke von Ratingen **bei Düsseldorf**. Ansicht **von der Seite.** Auf einem Theile des letzten **Umgangs ist** die **fein** gegitterte Schale erhalten.
11b. Dasselbe von vorn gegen die Mündung gesehen.
11c. Die Suturen oder Kammerwandnähte.
12a. *Goniatites rotatorius* BRONN (*Ammonites rotatorius* DE KONINCK) aus dem Kohlenkalke von Rockford im Staate Indiana. Steinkern mit deutlich erhaltenen Suturen oder Kammerwandsnähten.
12b. Dasselbe im Profil gegen die letzte Kammerwand gesehen.

Tafel 47.

Kohlengebirge.
Crustaceen, Arachniden und Insecten.

Fig. 1. *Cyclopthalmus senior* CORDA aus dem Kohlengebirge (coal measures) von Chomle in der Herrschaft Radnitz in Böhmen. Kopie nach CORDA.

2. *Architarbus subovalis* H. WOODWARD (On a new Arachnide from the coal-measures of Lancashire in: Geol. Magaz. Vol. IX, 1872, p. 385 ff., Pl. IV) aus einer Eisensteinniere des Kohlengebirges von Lancashire. Kopie nach WOODWARD.

3. *Anthrapalaemon gracilis* MEEK und WORTHEN (Palaeontology of Illinois 1868, p. 554) aus dem Kohlengebirge von Illinois. Kopie nach MEEK und WORTHEN.

4. *Euphorberia ferox* WOODWARD (Fossil Merostomata Part. IV, p. 172. Palaeontograph. Soc. Vol. XXVI, 1872; Caterpillar? (Raupe) J. O. WESTWOOD in: BRODIE's foss. Insects p. 105, Pl. I, fig. 11; *Eurypterus? (Arthropleura) ferox* SALTER in: Quart. Journ. Geol. Soc. 1863, Vol. XIX, p. 86) aus Eisensteinnieren des Kohlengebirges von Coalbrook Dale. Zu den Myriapoden gehörend? Kopie nach BRODIE.

5. *Limulus rotundatus* PRESTWICH aus dem Steinkohlengebirge (coal measures) von Coalbrook Dale. Kopie nach PRESTWICH.

6. *Eurypterus Scouleri* HIBBERT von Burdie House bei Edinburg. Das Kopfschild in $^1/_4$ nat. Grösse. Kopie nach WOODWARD.

7. *Protolycosa anthracophila* FERD. ROEMER (Jahrb. für Mineral. 1866, p. 136 ff., Taf. 3) in einer Knolle von thonigem Sphaerosiderit aus den Kohlenschiefern (coal measures) des Myslowitzer Waldes in Oberschlesien.

8. *Phillipsia Derbyensis* DE KONINCK von Tournay in Belgien.

9. *Phillipsia gemmulifera* DE KONINCK von Tournay in Belgien. Das Schwanzschild (Pygidium) vergrössert; daneben das Maass der natürlichen Länge.

10. *Phillipsia globiceps* BARR. (*Griffithides globiceps* PORTLOCK) aus dem Kohlenkalke von Longnor in Staffordshire. Das Kopfschild.

11. *Phillipsia acuminata* n. sp. aus den Kohlenschiefern von Rosdzin in Oberschlesien. Das Schwanzschild (Pygidium).

12. *Euphrynus Prestvicii* WOODWARD (*Curculioides Prestvicii* BUCKLAND) (vergl. On a new and very perfect Arachnide from the ironstone of the Dudley coal-field by H. WOODWARD in: Geol. Magazine Vol. VIII, 1871, p. 385 ff., Pl. II) aus einer Eisensteinknolle des Kohlengebirges von Dudley. Ansicht in natürlicher Grösse. Kopie nach WOODWARD.

Roemer, lethaea palaeoz. Taf. 47.

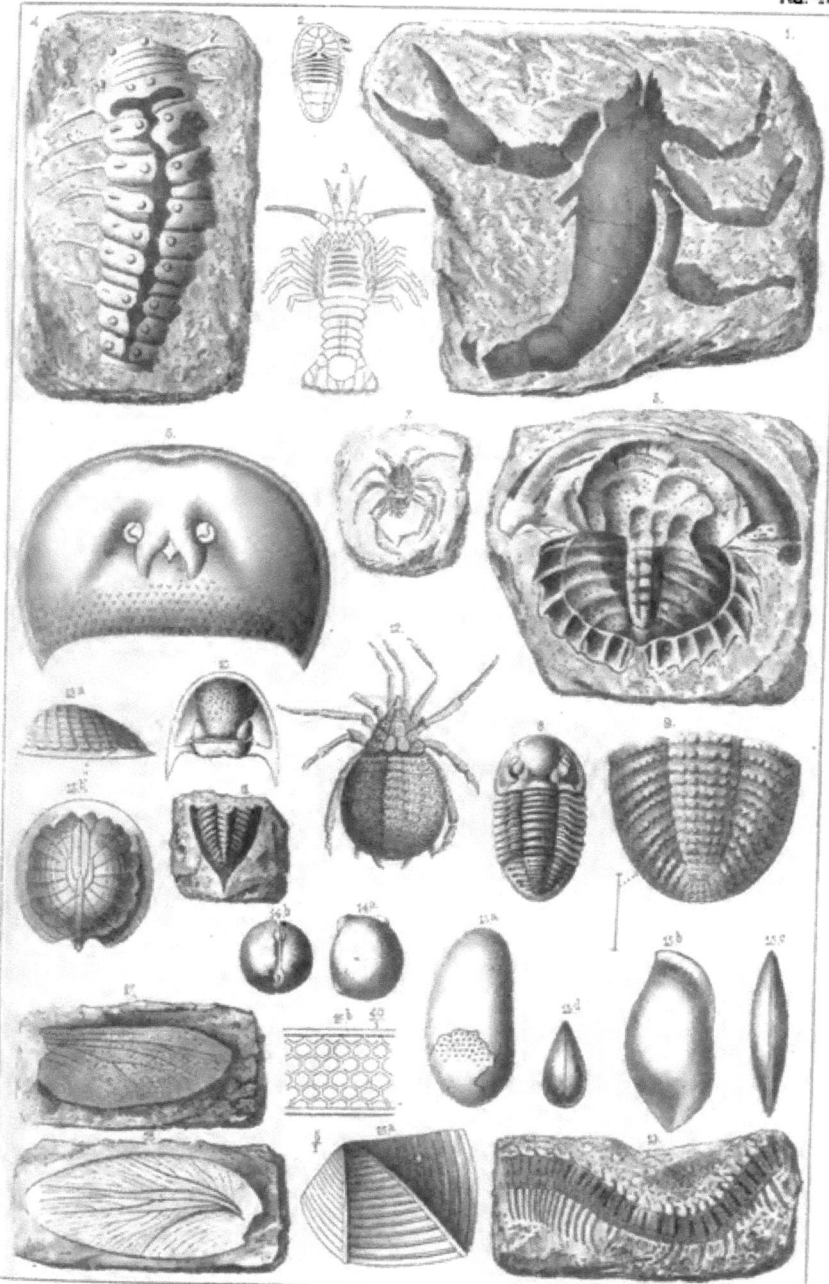

Fig. 13a. *Cyclus radialis* De Koninck (*Agnostus radialis* Phillips) aus dem Kohlenkalke von **Visé** in Belgien. Ansicht des Schildes von oben.
13b. Ansicht von der Seite. Kopien nach H. Woodward. Die Gattung *Cyclus* gehört nach Woodward zu den Schild-tragenden Phyllopoden; vielleicht war sie ein Larvenzustand von *Prestwichia* oder einer anderen Limuliden-Gattung der Kohlenperiode.

14a. *Entomoconchus Scouleri* M'Coy aus dem Kohlenkalke von Irland. Ansicht von der Seite.
14b. Ansicht der Rückenseite der vereinigten Klappen. Kopie nach M'Coy.

15a. *Carbonia Agnes* R. Jones aus dem Kohlengebirge von Süd-Wales. Die linke Klappe 25 Mal vergrössert. Kopie nach R. Jones.
15b. *Bairdia curta* M'Coy aus dem Kohlenkalke von Irland. Ansicht von der Seite in 30 maliger Vergrösserung.
15c. Gegen den Rücken der vereinigten Klappen.
15d. Von vorn.

16a. *Leaia Leidyi* R. Jones (On some bivalve Entomostraca from the coal-measures of South-Wales in: Geol. Magaz. Vol. VII, 1870, p. 219, Pl. IX, fig. 11—14) aus dem Kohlengebirge von Süd-Wales; fünffach vergrössert.
16b. Die Skulptur der Oberfläche in 40facher Vergrösserung. Kopien nach R. Jones.

17. *Dictyoneura Humboldtiana* Goldenberg aus dem Thoneisenstein von Sulzbach bei Saarbrücken. Flügel. Kopie nach Goldenberg. Die Gattung *Dictyoneura* gehört nach Goldenberg zu den Neuropteren, Zunft III Plattflügler, *Planipennia* L., Familie IV Sumpflibellen *(Sialidae)*.

18. *Blattina primaeva* Goldenberg aus dem Kohlengebirge von Saarbrücken. Linke Flügeldecke in natürlicher Grösse. Kopie nach Goldenberg.

19. *Euphorberia armigera* Meek und Worthen (Palaeontology of Illinois p. 556) von Mazon creek in Illinois. Ansicht eines unvollständigen kleinen Exemplars. Kopie nach Meek und Worthen.

Tafel 48.

Kohlenkalk.
Fische.

Fig. 1a. *Gyracanthus obliquus* M'Coy von Moyheeland in Irland. Flossenstachel (Ichthyodorulith). Ansicht von der Seite. Das obere Ende fehlt.
   1b. Das obere Ende von der Seite.
   1c. Der Querschnitt durch den oberen Theil von Fig. 1.
   1d. Ein Stück der konvexen vorderen Seite des Flossenstachels. Kopien nach M'Coy.
  2a. *Psammodus porosus* Agassiz von Bristol. Grosser Zahn von oben gesehen.
  2b. Von der Seite. Kopien nach Agassiz.
  3. *Polyrhizodus magnus* M'Coy von Armagh im nördlichen Irland. Grosser Zahn. Schief von der Seite gesehen. Kopie nach M'Coy.
  4a. *Ctenoptychius apicalis* Agassiz aus dem Steinkohlengebirge von Staffordshire. Zahn in natürlicher Grösse.
   4b. Vergrössert. Kopien nach Agassiz.
  5. *Cochliodus contortus* Agassiz von Bristol. Ansicht des einzigen bekannten vollständigen Unterkiefers mit den Zähnen. Kopie nach Agassiz.
  6. *Petalodus acuminatus* Agassiz aus Derbyshire. Ansicht eines Zahns von aussen.
  7. Mittlerer Längsschnitt.
  8a. *Orodus ramosus* Agassiz von Bolland in Yorkshire. Ein kleinerer Zahn von oben.
   8b. Von der Seite.
  9. *Cladodus lamnoides* Newberry und Worthen von Mjatschkowa bei Moskau. Ein durch Trautschold erhaltener Zahn.
  10a. *Pristicladodus dentatus* M'Coy von Derbyshire. Ein oben ergänzter Zahn von der Seite.
   10b. Im Profil. Kopien nach M'Coy.
  11. *Rhizodus gracilis* M'Coy aus dem Kohlengebirge von Burdie House bei Edinburg. Vorderer Theil des linken Unterkieferastes mit den Zähnen. Nach einem Exemplare des Breslauer Museums.

Roemer, lethaea palaeoz. Taf: 48.

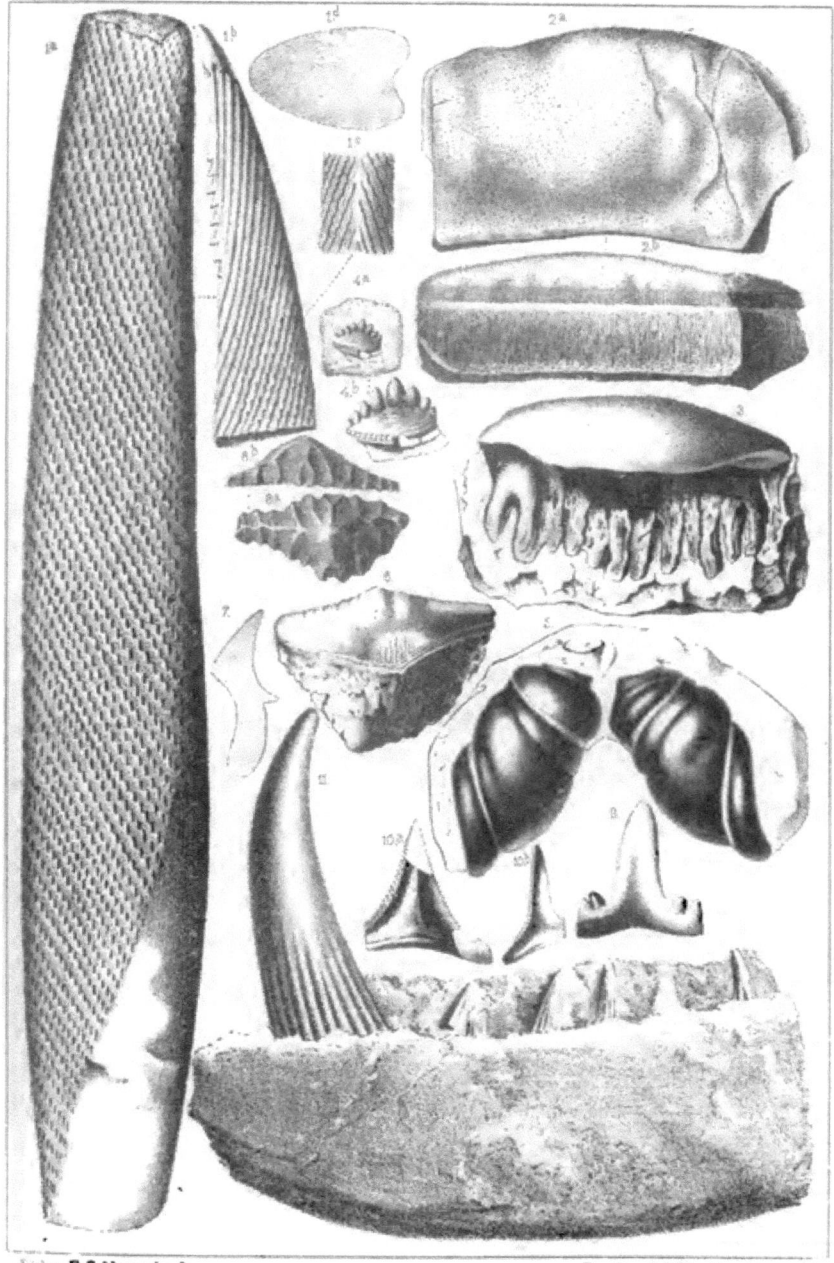

Lith. v. F Schlotterbeck. Druck v. J. C. Henzler, Stuttgart.

Tafel 49.

Kohlengebirge.
Saurier.

Fig. 1. *Amphibamus grandiceps* Cope (Geol. Survey Illinois Vol. II. Palaeontology p. 135. Taf. 32. Fig. 8) aus »coal measures« von Morris (Grundy County) im Staate Illinois. Kopie nach Cope.

2. *Dendrerpeton* sp. (Dawson Air-breathers of the coal-period Montreal 1863 p. 61, fig. 54) aus dem Steinkohlengebirge (coal measures) von Neu-Schottland. Skizze des Schädels von unten gesehen, mit der Doppelreihe der Zähne in den Kiefern und den Zähnen auf dem Vomer. Kopie nach Dawson.

3. *Baphetes planiceps* Dawson ebendaher; ein Knochenschild.

4. Einer der grössten Zähne des Fig. 5 abgebildeten Schädels in natürlicher Grösse.

5. *Baphetes planiceps* Dawson (Air breathers p. 16. Pl. 49. Fig. 8) aus dem Steinkohlengebirge (coal measures) von Neu-Schottland. Unvollständiger Schädel in halber Grösse von unten gesehen. Kopie nach Dawson.

6. *Hylonomus Lyelli* Dawson p. 48 ebendaher. Ein Wirbel von der Seite, vergrössert. Kopie nach Dawson.

7 a. *Hylonomus aciedentatus* Dawson (Air breathers of the coal Period p. 51 u. Quart. Journ. Vol. XVIII. Pl. 10) aus dem Steinkohlengebirge von Nova-Scotia (Neu-Schottland). Der Oberkiefer von der Seite; vergrössert. Kopie nach Dawson.

7 b. Natürliche Grösse.

8 a. Ein Unterkiefer vergrössert. Kopie nach Dawson.

8 b. Natürliche Grösse.

9. *Baphetes planiceps* Dawson p. 16 ebendaher. Ein Stück des Kiefers mit vier Zähnen der äusseren Reihe und einem Zahn der inneren Reihe grosser Zähne.

10. *Hylonomus Lyelli* Dawson aus dem Steinkohlengebirge (coal measures) von Neu-Schottland (Nova Scotia). Skizze des Unterkiefers in natürlicher Grösse. Kopie nach Dawson.

11. Spitze des Unterkiefers mit den Zähnen. Vergrösserte Ansicht.

12 a. *Eosaurus Acadianus* Marsh (Silliman's Journal Vol. XXXIV, 1862) aus Schiefern des ächten Kohlengebirges (coal measures) von der Südküste des Chiegnecto channel, eines Arms der Bay von Fundy in Neu-Schottland. Ansicht eines Wirbelkörpers von oben nach einem durch Marsh selbst erhaltenen Gypsabgusse des Originals.

12 b. Derselbe Wirbelkörper im senkrechten Durchschnitt. Nach Marsh gehört *Eosaurus* zu den Enaliosauriern und ist zunächst mit *Ichthyosaurus* verwandt. Huxley hat dagegen die freilich von Marsh bestrittene Vermuthung aufgestellt dass die Gattung zu den Labyrinthodonten gehöre.

Roemer, lethaea palaeoz.

Taf. 49.

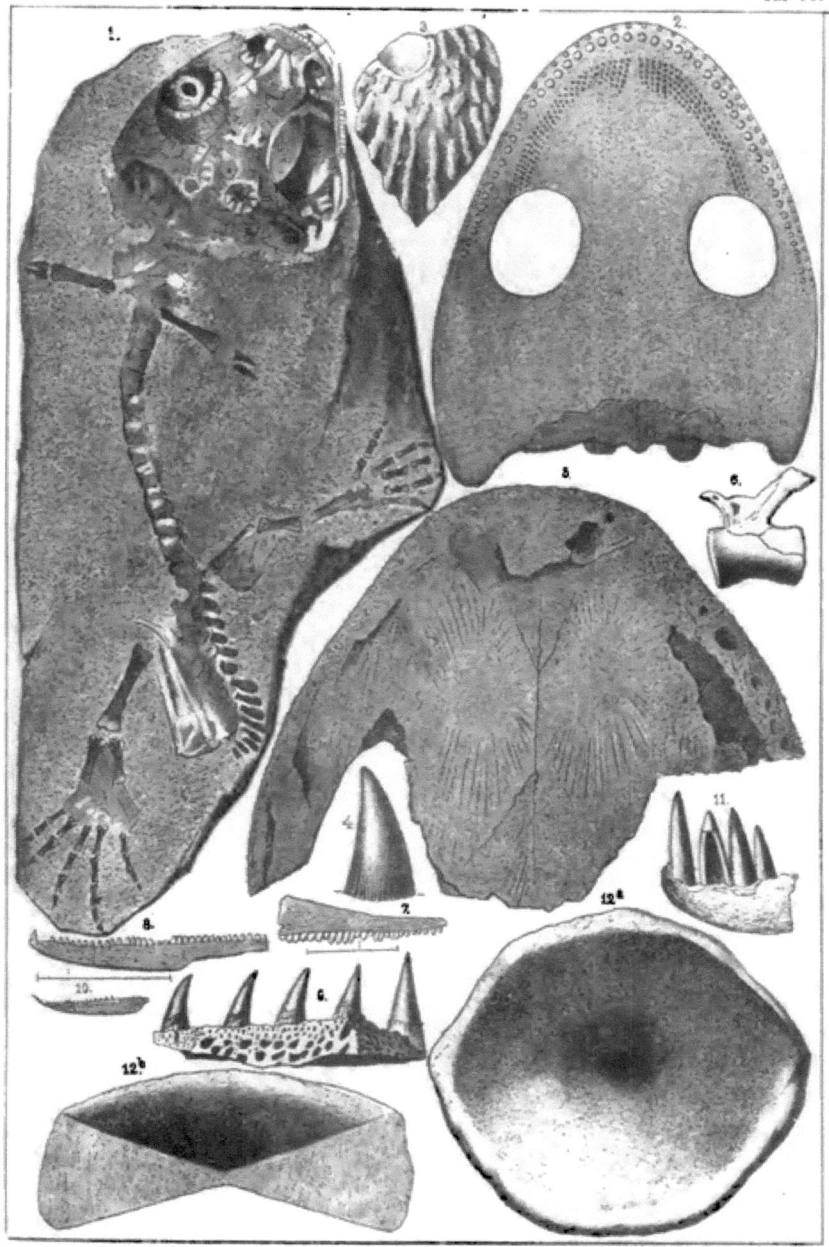

Lith.v. F Schlotteroski.

Druck v J. G. Henzler, Stuttgart.

Tafel 50.

Kohlengebirge.
Pflanzen.

Fig. 1. *Calamites Suckowi* BRONGNIART von Waldenburg in Schlesien. Stück eines mässig grossen Stammes. An den Einschnürungen sind die Blattnarben sichtbar.
2. *Calamites Cistii* BRONGNIART (?) von Zaukeroda in Sachsen. Ein Stück des Stamm-Querschnitts. Die dunkelen Partien sind der Holz-Cylinder mit den grossen Luft-Kanälen. Kopie nach GEINITZ.
3. *Calamites approximatus* SCHLOTHEIM von Niederkamsdorf in Sachsen. Ein kleines Stammstück.
4. *Asterophyllites equisetiformis* BRONGNIART von Waldenburg. Bruchstück eines Astes mit den Nebenzweigen.
5. *Volkmannia* sp. von Waldenburg. Fruchtähre zu *Asterophyllites* gehörend.
6. *Sphenophyllum Schlotheimi* BRONGNIART von Wettin bei Halle.
7. *Sphenophyllum* sp. von Wettin. Fruchtähre. Kopie nach SCHIMPER.
8. *Annularia longifolia* BRONGNIART von Wettin bei Halle.
9. *Bruckmannia tuberculata* STERNBERG von Stradonitz in Mähren. Fruchtähre zu *Annularia*.

Roemer, lethaea palaeoz. Taf: 50.

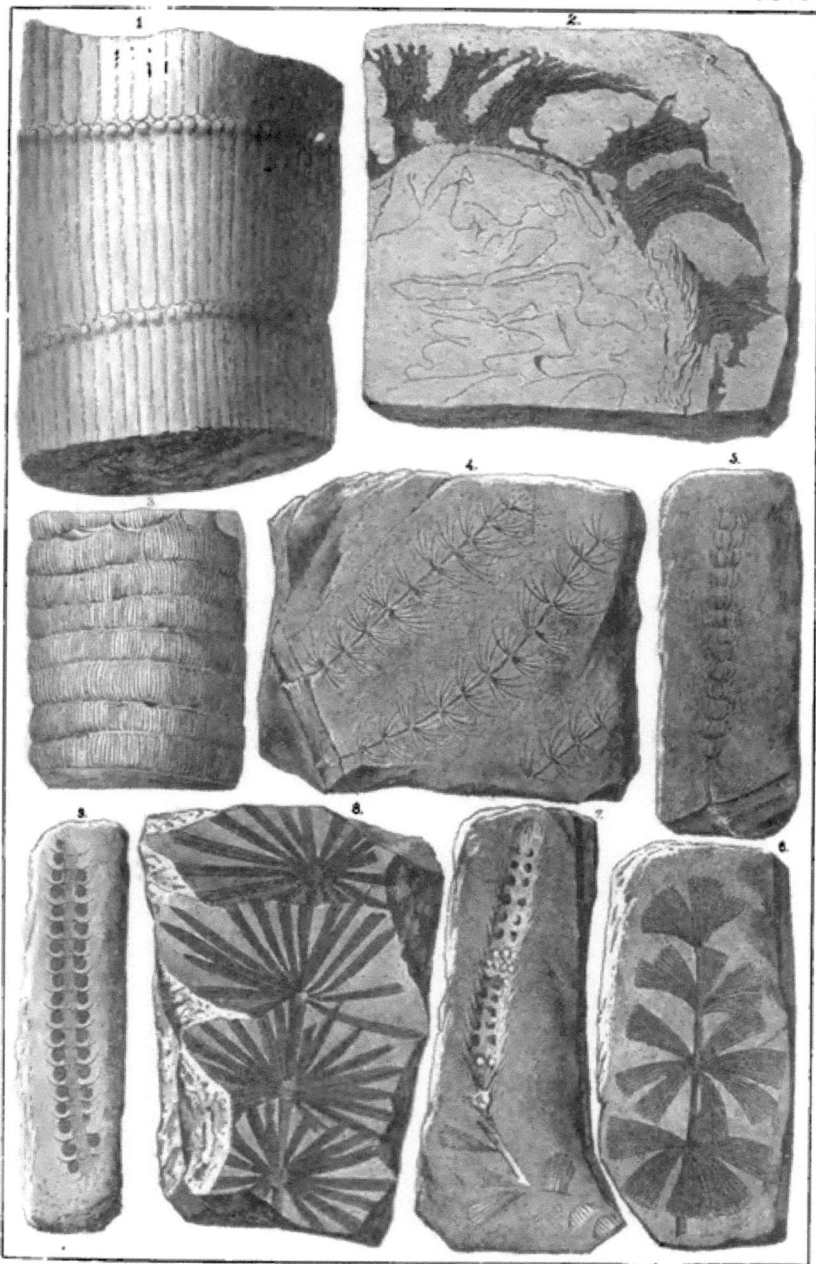

Tafel 51.

Kohlengebirge.
Pflanzen.

Fig. 1a. *Sphenopteris obtusiloba* BRONGNIART von Waldenburg in Schlesien.
    1b. Ein Fiederchen vergrössert. Kopien nach SCHIMPER.
  2a. *Sphenopteris lanceolata* GUTBIER von Zwickau in Sachsen. Ein Stück eines Wedels.
    2b. Ein Fiederchen vergrössert. Kopien nach GEINITZ.
  3. *Sphenopteris (Hymenophyllites) furcata* BRONGNIART von Zwickau in Sachsen.
  4. *Schizopteris Gutbieriana* GEINITZ von Zwickau in Sachsen.
  5a. *Neuropteris flexuosa* BRONGNIART von Saarbrücken.
    5b. Ein Fiederblättchen vergrössert.
  6. *Cyclopteris orbicularis* BRONGNIART von Waldenburg in Schlesien.
  7a. *Odontopteris Reichiana* GUTBIER von Stradonitz in Böhmen. Ein Stück eines Wedels.
    7b. Ein einzelnes Fiederblättchen vergrössert.
  8a. *Dictyopteris Brongniarti* GUTBIER von Zwickau in Sachsen. Ein einzelnes Fiederblättchen.
    8b. Ein Stück der Oberfläche vergrössert.

Roemer, lethaea palaeoz. Taf. 51

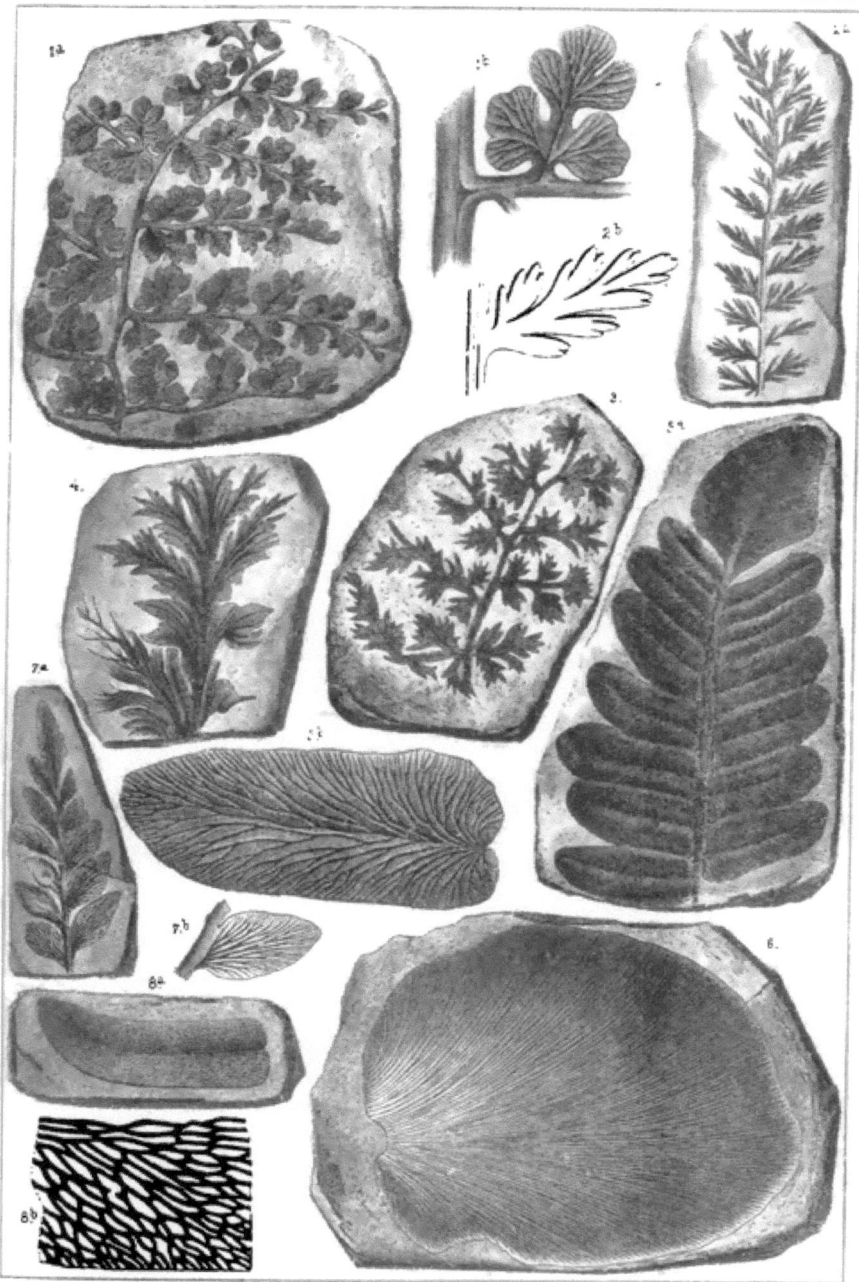

Tafel 52.

Kohlengebirge.
Pflanzen.

Fig. 1a. *Pecopteris dentata* SCHIMPER (*Cyatheites dentatus* GÖPPERT; *Pecopteris plumosa* BRONGNIART) von Zwickau in Sachsen.
    1b. Vergrösserte Fiederchen. Kopien nach GEINITZ.
  2a. *Alethopteris Serlii* GÖPPERT von Charlottenbrunn in Schlesien.
    2b. Ein Fiederblättchen vergrössert.
  3a. *Lonchopteris rugosa* BRONGNIART von Waldenburg in Schlesien.
    3b. Ein Fiederblättchen vergrössert.
  4. *Pecopteris arborescens* BRONGNIART (*Cyatheites arborescens* GÖPPERT) von Zwickau in Sachsen. Ein spiral eingerollter unentwickelter Fieder. Kopie nach GEINITZ.
  5. *Megaphytum giganteum* GOLDENBERG von Bras in Böhmen. Ein Stück des Stammes mit drei der zweireihig am Stamme stehenden grossen Narben über einander. Nach AL. BRAUN und SCHIMPER gehört *Megaphytum* zu den Baumfarnen. Die Narben rühren von abgebrochenen Blattstielen her.
  6. *Stemmatopteris peltigera* CORDA (*Caulopteris peltigera* PRESL) von Kounowa bei Rakonitz in Böhmen. Ein quer liegendes Stück des Stammes mit den Blattstielnarben.

Tafel 53.

Kohlengebirge.
Pflanzen.

Fig. 1. *Lycopodites Gutbieri* GÖPPERT von Zwickau in Sachsen. Kopie nach GEINITZ.
2. *Lepidodendron Sternbergii* BRONGNIART (*Lycopodiolites elegans* STERNBERG) von Waldenburg in Schlesien. Zweigenden mit Früchten (*Lepidostrobus*). Von dem Zapfen des linken Zweiges ist nur der untere Theil erhalten. Nach einem Exemplare des Breslauer Museums.
3. *Lepidodendron Sternbergii* BRONGNIART (*Sagenaria obovata* STERNBERG) von Waldenburg in Schlesien. Ein Stück des plattgedrückten Stammes, grösstentheils mit erhaltener Kohlenrinde.
4a. *Lepidodendron dichotomum* STERNBERG von Swina in Böhmen. Ein jüngerer Zweig mit zum Theil erhaltenen Blättern.
4b. Zwei Blattkissen vergrössert.
5. *Lepidodendron sp.* (*Lepidophyllum majus* BRONGNIART). Blatt von Waldenburg in Schlesien.
6. *Lepidodendron sp.* (*Triplosporites Brownii* BRONGNIART). Zapfen (*Lepidostrobus*). Drei Schuppen des Zapfens mit den Sporangien. Kopie nach CARRUTHERS.
7. *Lepidodendron sp.* (*Lepidostrobus ornatus* BRONGNIART). Zapfen. Einige stark vergrösserte Sporen.
8. Ein Zapfen (*Lepidostrobus*), quer durchbrochen. Kopie nach HOOKER.
9a. *Lepidodendron Harcourtii* WITHAM von Rothbury in Northumberland. Querschnitt des Stammes in natürlicher Grösse. Die Achse des Stammes ist verschoben und liegt excentrisch. Der hellere Theil der mittleren Höhlung ist mit Kalkspath ausgefüllt. Nach einem Exemplare des Breslauer Museums.
9b. Ein Stück des Querschnitts vergrössert.

Roemer, lethaea palaeoz. Taf: 53.

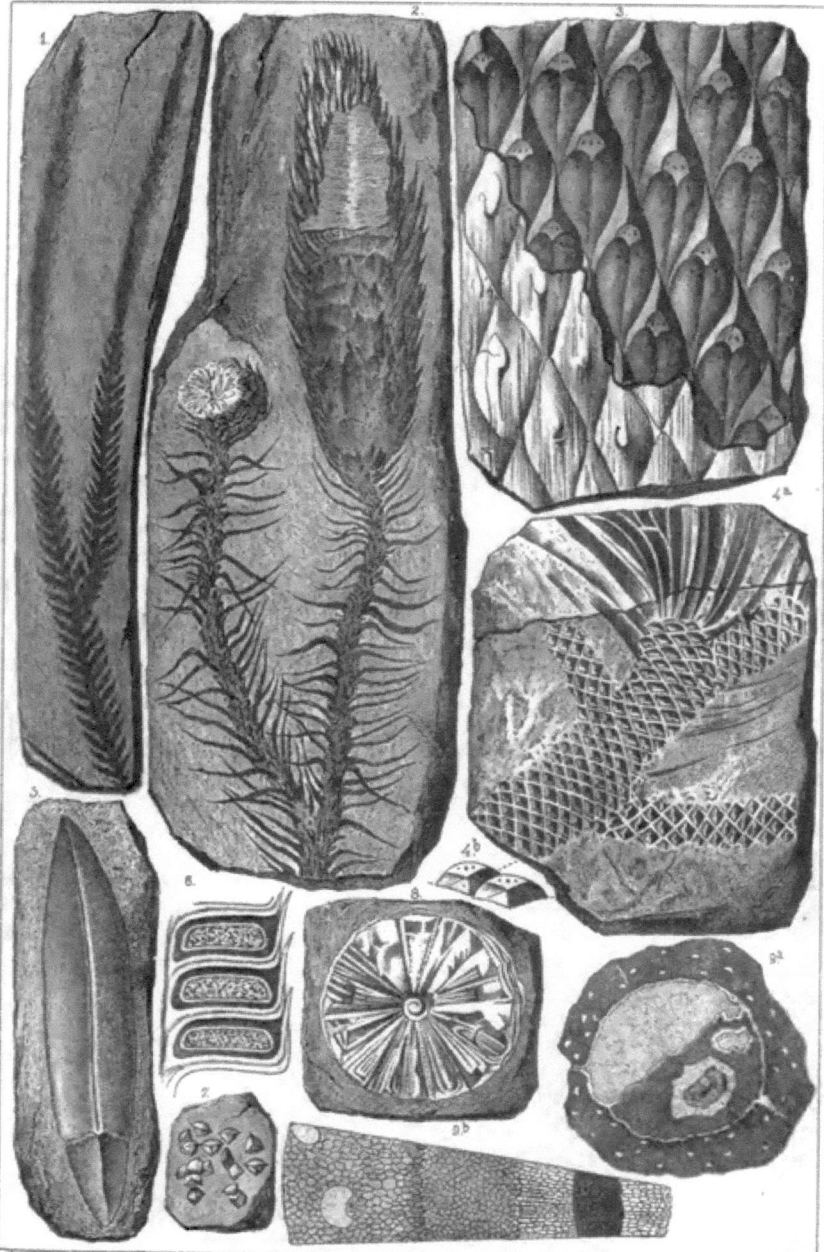

Lith.v. F. Schlotterbeck. Druck v J.C.Henzler, Stuttgart.

Tafel 54.

Kohlengebirge.
Pflanzen.

Fig. 1. *Halonia tuberculata* BRONGNIART von South-Shields in England. Ein Stammstück.
2. *Sigillaria Cortei* BRONGNIART von Zwickau in Sachsen. Ein Stück des plattgedrückten Stammes. Kopie nach GEINITZ.
3. *Sigillaria reniformis* BRONGNIART (*Sigillaria alternans* LINDLEY et HUTTON) von Saarbrücken. Kopie nach GOLDENBERG.
4. *Stigmaria ficoides* BRONGNIART von Waldenburg in Schlesien. Ein zusammengedrücktes Bruchstück.
5. *Stigmaria ficoides* BRONGNIART von Waldenburg in Schlesien. Ein Bruchstück mit zum Theil erhaltenen Würzelchen.
6. *Stigmaria ficoides* BRONGNIART von Falkenberg in der Grafschaft Glatz in Schlesien. Querschnitt. Kopie nach GÖPPERT.

Roemer, lethaea palaeoz. Taf: 54

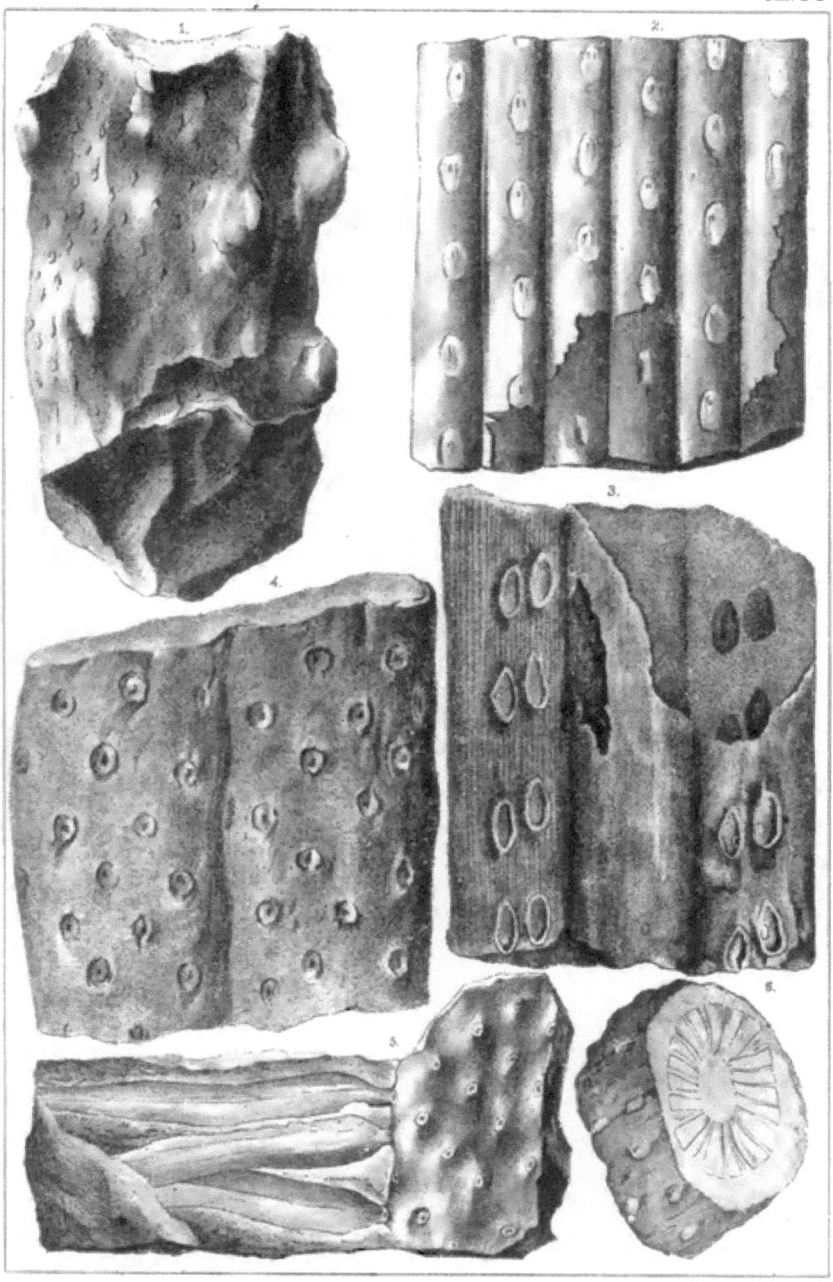

Tafel 55.

Kohlengebirge.
Pflanzen.

Fig. 1. *Nöggerathia foliosa* STERNBERG von Bras unweit Řadnitz in Böhmen. Kopie nach GEINITZ.

2a. *Araucarites Rhodeanus* GÖPPERT aus dem Kohlensandstein von Buchau bei Neurode in Schlesien. Verkieseltes Holzstück.
2b. Vergrösserter Markstrahlen-Längenschnitt. Kopie nach GÖPPERT.

3. *Artisia transversa* STERNBERG von Gesselies in Belgien. Ein Stammbruchstück.

4. *Cordaites borassifolius* UNGER von Zwickau in Sachsen. Ein unvollständiges Blatt.

5. *Cardiocarpum Kuensbergi* GUTBIER von Zwickau in Sachsen. Kopie nach GEINITZ.

6a. *Trigonocarpum Nöggerathi* BRONGNIART von Karwin in Mähren. Ansicht von der Seite.
6b. Ansicht von unten.

Roemer, lethaea palaeoz.

Taf: 55.

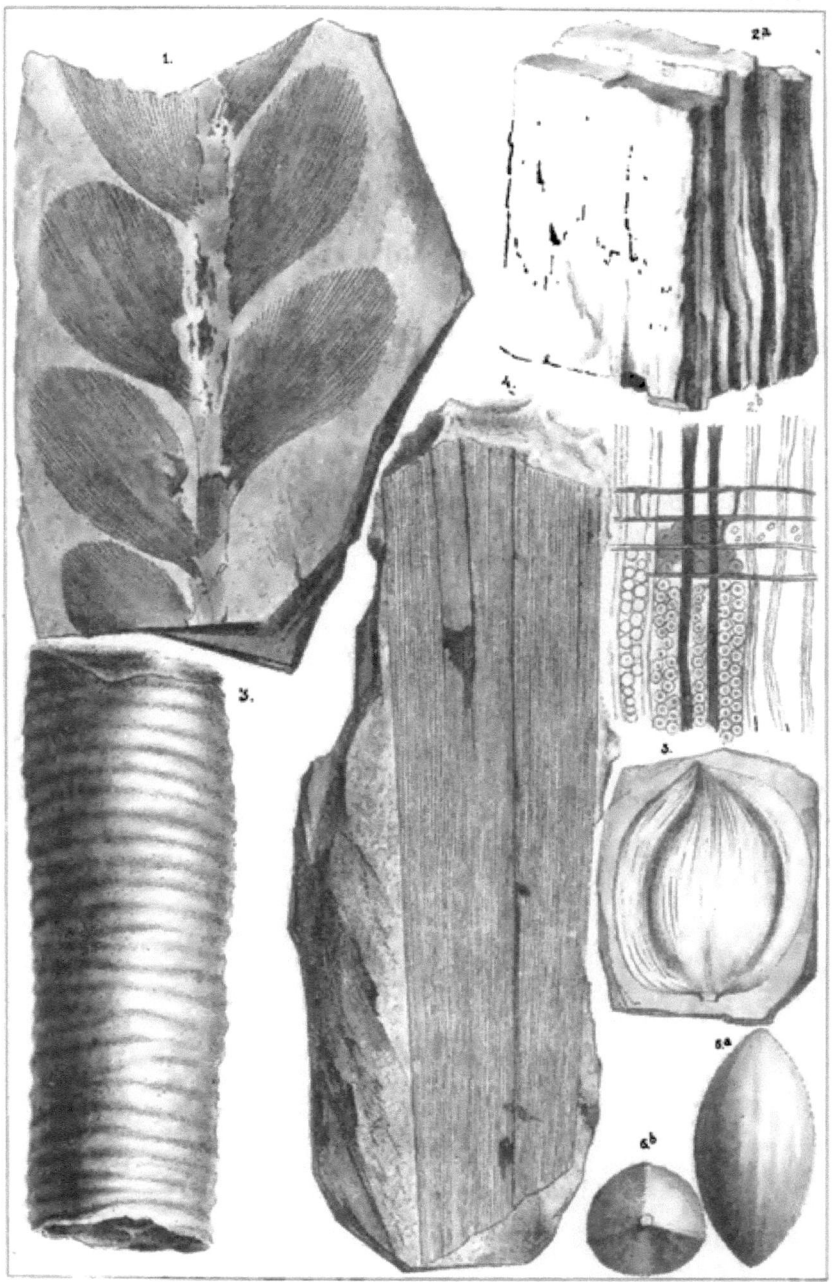

Lith.v F Schlotterbeck.

Druck v. J.C.Henzler Stuttgart.

Tafel 56.

Permisch.
Rothliegendes.

Fig. 1a. *Gampsonychus fimbriatus* Jordan aus den Sphaerosiderit-Nieren von Lebach unweit Saarbrücken, welche den früher zum Steinkohlengebirge gerechneten und diesem enge verbundenen Schiefern des unteren Rothliegenden eingelagert sind. Ansicht eines unvollständigen Exemplars in natürlicher Grösse.
 1b. Vergrösserte ideale Figur eines Exemplars. Kopie nach H. v. Meyer.
 2a. *Blattina anthracophila* Germar aus schwarzen dem unteren Rothliegenden untergeordneten Brandschiefern von Weissig bei Schönfeld in Sachsen. Ein Flügel, vergrössert.
 2b. Natürliche Länge desselben. Kopien nach E. Geinitz. (N. Jahrb. für Min. 1873, Taf. 3, Fig. 2.)
 3a. *Acanthodes gracilis* Ferd. Roemer (*Holacanthodes gracilis* Beyrich) aus schwarzen der unteren Abtheilung des Rothliegenden untergeordneten Brandschiefern von Klein-Neundorf bei Löwenberg in Nieder-Schlesien. Ansicht eines kleinen Exemplars.
 3b. Ein Stück der Schuppenbedeckung mit der Seitenlinie vergrössert.
 3c. Ein Stück der Schuppenbedeckung von der Innenseite; ebenfalls vergrössert.
 3d. Eine einzelne der kuboidischen Schuppen stark vergrössert.
 3e. Ein Augenring vergrössert.
 3f. Die Kiemenbögen vergrössert.
 4. *Amblypterus macropterus* Agassiz aus den ellipsoidischen Sphaerosiderit-Nieren von Lebach unweit Saarbrücken, welche den früher zum Kohlengebirge gerechneten und diesem enge verbundenen Schiefern des unteren Rothliegenden eingelagert sind.

Roemer, lethaea palaeoz.

Taf: 56.

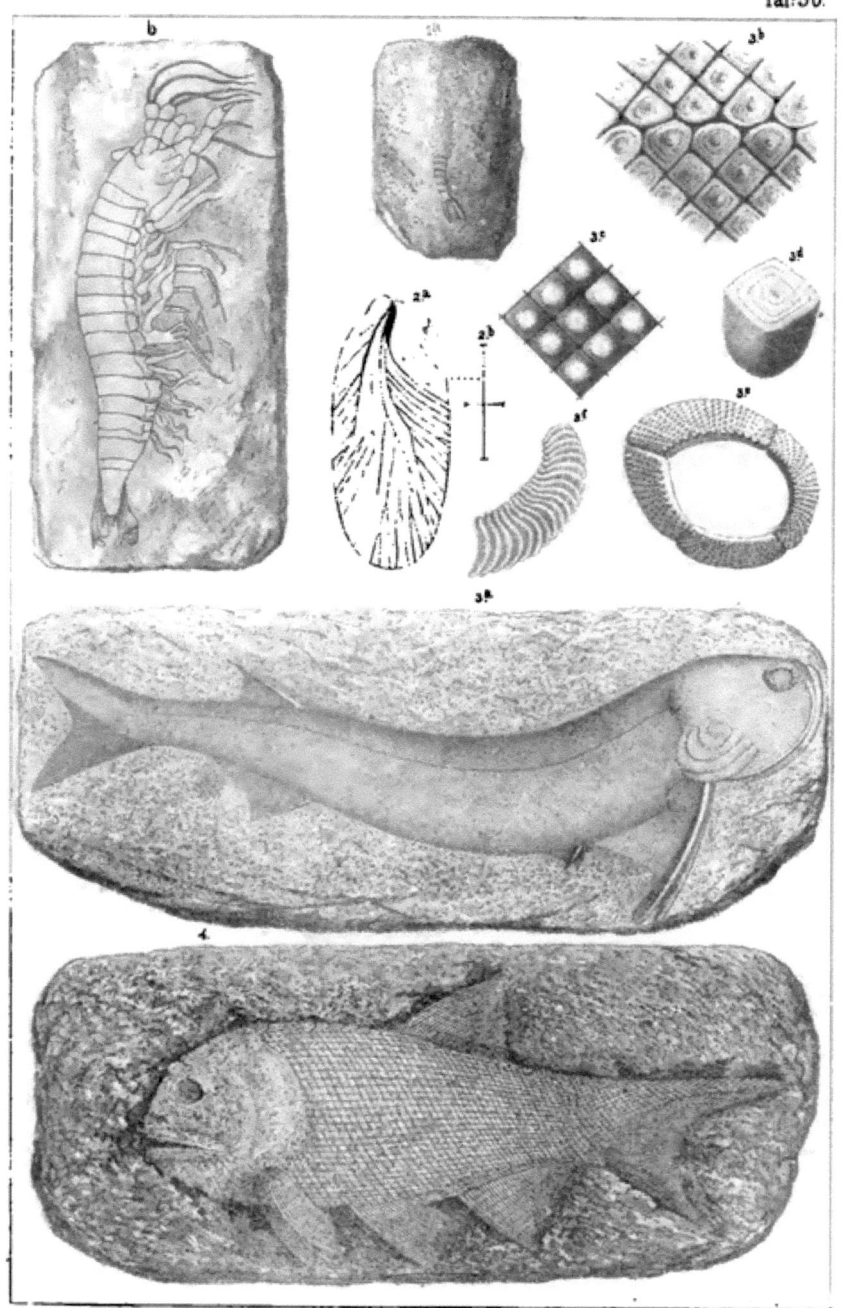

Lith. v. F Schlotterbeck.

Druck v. G. Hanzler, Stuttgart.

Tafel 57.

Permisch.
Rothliegendes.

Fig. 1. *Palaeoniscus Vratislaviensis* AGASSIZ aus den der unteren Abtheilung des Rothliegenden untergeordneten plattenförmigen rothen Kalken vom Oelberge bei Braunau in Böhmen.

2a. *Xenacanthus Decheni* BEYRICH (*Orthacanthus Decheni* GOLDFUSS) aus denselben rothen Plattenkalken von Braunau, wie die vorhergehende Art. Der vordere Theil des Körpers in $1/2$ natürlicher Grösse.

2b. *Xenacanthus* sp. von Rakonitz in Böhmen. Zahn. (Für Zähne von gleicher Form hat AGASSIZ seine Gattung *Diplodus* errichtet.)

3a. *Archegosaurus Decheni* GOLDFUSS aus den Thoneisenstein-Knollen von Lebach bei Saarbrücken, welche den dem oberen Kohlengebirge enge verbundenen und gleichförmig aufgelagerten Schieferthonen des unteren Rothliegenden untergeordnet sind. Restaurirte Ansicht des Schädels. Die linke Hälfte der Oberseite des Schädels ist noch mit den hornigen Schildern bedeckt, während diese der rechten Hälfte fehlen.

3b. Ein Fangzahn vergrössert.

3c. Querschnitt desselben.

Roemer, lethaea palaeoz. Taf. 57.

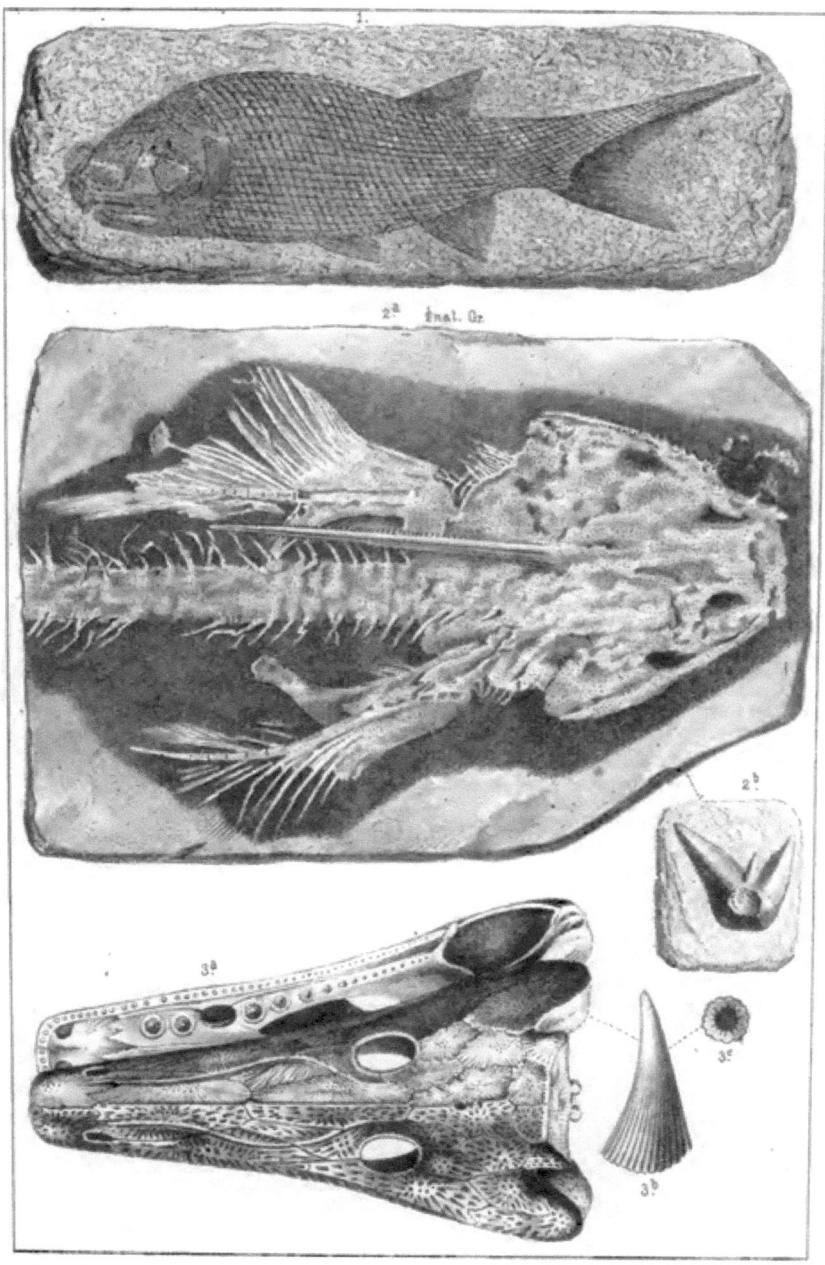

Tafel 58.

Permisch.
(Rothliegendes.)
Pflanzen.

Fig. 1. *Calamites gigas* BRONGNIART von Saarbrücken. Ein Stück des Stamms.
 2. *Sphenopteris lyratifolia* GÖPPERT von Braunau in Böhmen.
 3. *Pecopteris (Cyatheites) arborescens* BRONGNIART aus dem schwarzen der untern Abtheilung des Rothliegenden eingelagerten Brandschiefer von Klein-Neundorf bei Löwenberg in Schlesien.
 4. *Odontopteris obtusiloba* NAUMANN von Naumburg in der Wetterau. Kopie nach GEINITZ.
 5. *Callipteris conferta* BRONGNIART (*Neuropteris conferta* STERNBERG) von Saarbrücken.
 6a. *Walchia piniformis* STERNBERG von Braunau in Böhmen. Ein Stück eines Zweiges.
 6b. *Walchia piniformis* STERNBERG von Braunau in Böhmen. Ein ganzer Zweig mit Nebenzweigen, welche mit verdickten Knospen (nicht Früchten!) endigen.

Roemer, lethaea palaeoz. Taf: 58.

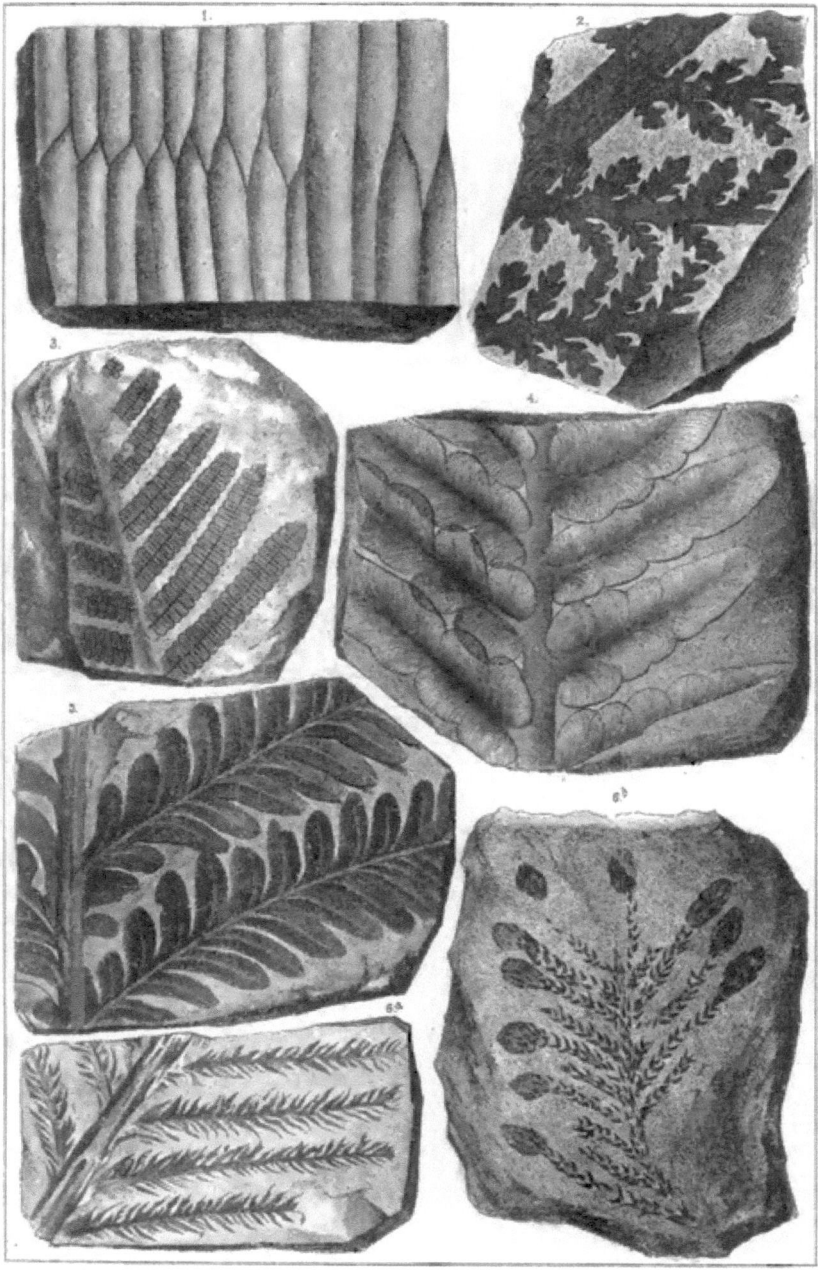

Lith.v. F. Schlotterbeck. Druck v. J. C. Henzler, Stuttgart.

Tafel 59.

Permisch.
(Rothliegendes.)
Pflanzen.

Fig. 1a. *Schützia anomala* GEINITZ (N. Jahrb. für Mineral. 1863 p. 525, Taf. VI; *Anthodiopsis Beinertiana* GÖPPERT) aus schwarzen Brandschiefern von Ottendorf bei Braunau in Böhmen. Ansicht des Fruchtstandes.
    1b. Ein Stück eines grösseren Exemplars.

2a. *Arthropitys bistriata* GÖPPERT (*Calamites bistriata* COTTA) von Chemnitz in Sachsen. Verkieseltes kleines Stammstück mit wirtelförmig stehenden Astnarben.
    2b. Querschnitt eines grösseren Stammes. Kopien nach GÖPPERT.

3a. *Selenochlaena Reichii* CORDA von Chemnitz. Ansicht eines Quadranten des verkieselten Stamm-Querschnitts des Baum-Farn.
    3b. Querschnitt eines der grösseren Gefässbündel mit dem C-förmigen nach aussen geöffneten Schlauch in der Mitte. Kopien nach COTTA.

4. *Medullosa stellata* COTTA von Chemnitz. Querschnitt des verkieselten Stamms. Kopie nach GÖPPERT.

5. *Sigillaria Brardi* BRONGNIART aus schwarzen der unteren Abtheilung des Rothliegenden eingelagerten Stinkkalkplatten von Ottendorf bei Braunau in Böhmen. Ein Stück des plattgedrückten Stammes mit grösstentheils erhaltener Kohlenrinde.

6. *Psaronius infarctus* UNGER von Neu-Paka in Böhmen. Querschnitt des verkieselten Stammes.

Roemer, lethaea palaeoz.

Taf: 59.

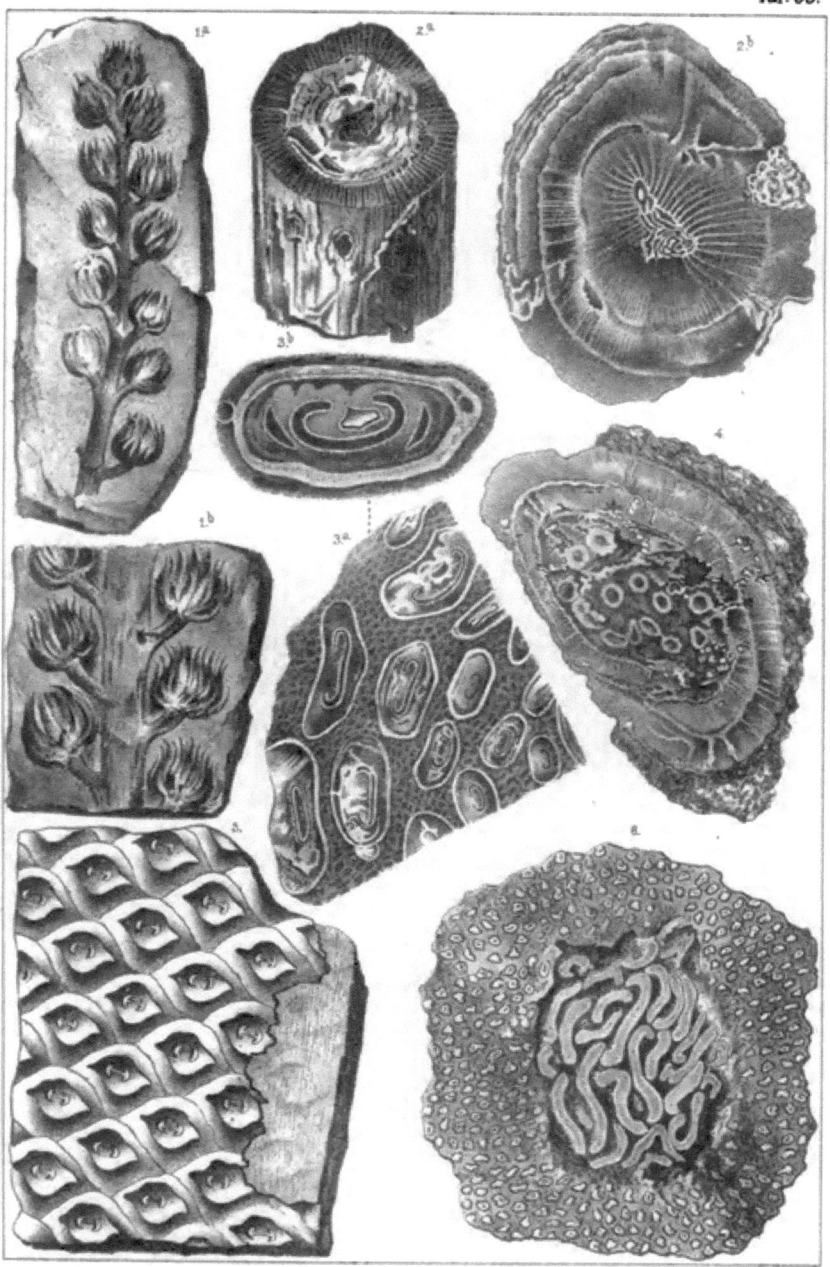

lith. v. F. Schlotterbeck

Druck v. J. C. Henzler, Stuttgart.

Tafel 60.

Permisch.
(Kupferschiefer.)
Fische.

Fig. 1. *Ullmannia lycopodioides* GÖPPERT (*Caulerpites lycopodioides* STERNBERG) von Eisleben. Ein Zweig.
2. *Ullmannia frumentaria* GÖPPERT von Ilmenau in Thüringen. Stück eines Zweiges. Kopie nach GÖPPERT.
3. *Ullmannia Bronnii* GÖPPERT (*Cupressus Ullmanni* BRONN) von Frankenberg in Hessen. Zweigende, in Kupferglanz versteinert.
4. Fruchtzapfen derselben Art mit den Fruchtschuppen. Kopie nach GÖPPERT.
5a. Ein Blatt derselben Art von Trebnitz bei Gera in natürlicher Grösse.
5b. In doppelter Grösse. Kopien nach GEINITZ.
6. *Zonarites digitatus* STERNBERG (*Fucoides digitatus* BRONGNIART) aus dem Kupferschiefer von Eisleben.
7. *Wodnika striatula* MÜNSTER von Richelsdorf in Hessen. Flossenstachel. Kopien nach MÜNSTER.
8. *Janassa bituminosa* MÜNSTER (*Trilobites bituminosus* SCHLOTHEIM) aus dem Mansfelder Kupferschiefer. Der mit 5 bis 7 Längsreihen von übergreifenden gekrümmten meisselförmigen Zähnen gepflasterte Gaumen. Nach dem Originale im Dresdener Museum. Kopie nach GEINITZ.
9a. Ein Gaumenzahn der mittleren Zahnreihe von oben.
9b. Von unten gesehen.
10a. Eine Zahnreihe derselben Art aus dem vorderen Theile des Gaumens von Ilmenau.
10b. Zahnreihe aus der Mitte des Gaumens.
11. *Wodnika striatula* MÜNSTER von Richelsdorf in Hessen. Die Zähne des Gaumens. Kopien nach MÜNSTER.

Roemer, lethaea palaeoz. Taf: 60.

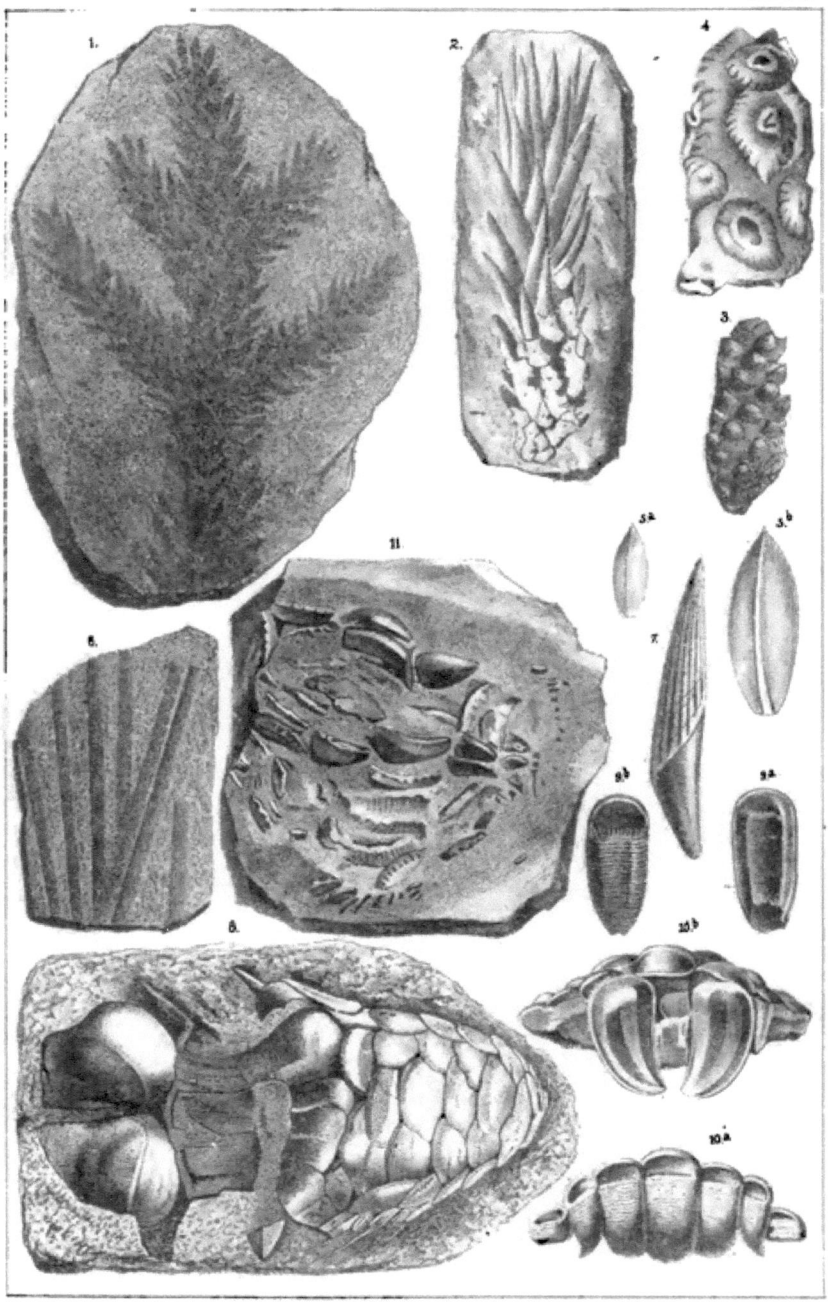

Lith. v. F. Schlotterbeck. Druck v. J. C. Henzler. Stuttgart.

Tafel 61.

Permisch.
Kupferschiefer.

Fig. 1a. *Palaeoniscus Freieslebeni* AGASSIZ aus der Gegend von Mansfeld. Ansicht eines kleinen Exemplars.
    1b. Ein Stück der Schuppenbedeckung in natürlicher Grösse.
    1c. Dasselbe vergrössert.
  2a. *Acrolepis Sedgwicki* AGASSIZ von East Thickley in England. Mehrfach verkleinerte, vorn ergänzte ideale Figur. Kopie nach AGASSIZ.
    2b. Zwei Schuppenreihen in natürlicher Grösse.
    2c. Eine einzelne Schuppe vergrössert.
  3. *Platysomus gibbosus* AGASSIZ aus dem Kupferschiefer des Mansfeld'schen. Ansicht eines kleinen Exemplars.
    3b. Einige Schuppen von der Aussenseite vergrössert.
    3c. Von der Unterseite, stärker vergrössert.
  4. *Protorosaurus Speneri* H. v. MEYER (*Monitor Speneri* GERMAR) aus dem Kupferschiefer von Schweina im Herzogthum Meiningen. Der linke Vorderfuss in $1/2$ natürlicher Grösse. Kopie nach GEINITZ.

Roemer, lethaea palaeoz. Taf: 61.

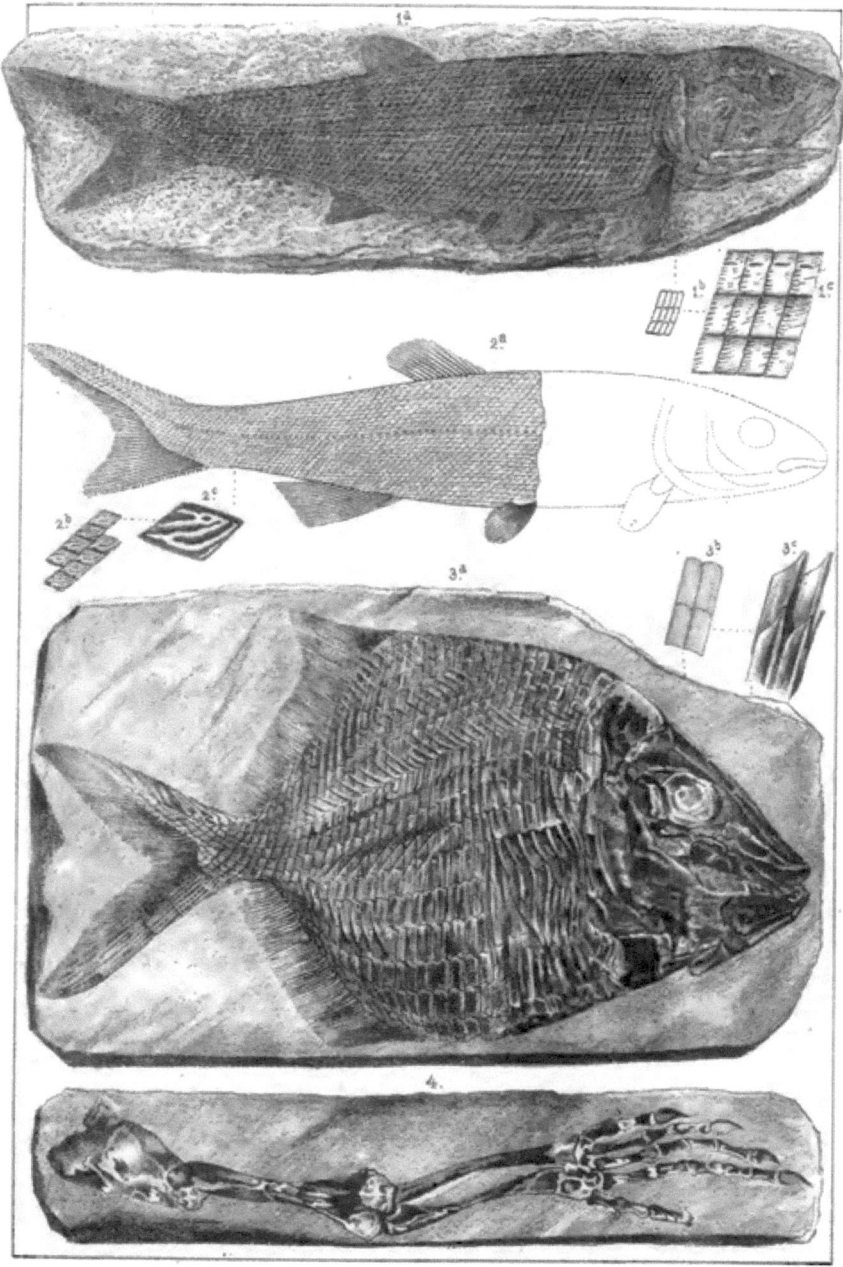

Lith.v. F. Schnotterbeck. Druck v. J.C Hauder Stuttgart.

Tafel 62.

Permisch.
Zechstein.

Fig. 1. *Dentalina Permiana* KING von Byers' Quarry bei Sunderland; 26fach vergrössert. Kopie nach KING.

2. *Textularia triticum* KING ebendaher; 24fach vergrössert. Kopie nach KING.

3a. *Cyathocrinus ramosus* KING von Tunstall Hill bei Sunderland. Der Kelch doppelt vergrössert von der Seite. Kopie nach KING.

3b. Ein Stück der Säule mit der Basis einer abgebrochenen Ranke von Pössneck unweit Saalfeld in Thüringen.

3c. Ansicht einer Gelenkfläche desselben Exemplars. Kopien nach GEINITZ.

4a. *Eocidaris Keyserlingii* DESOR. Theil eines Interambulacral-Feldes von Korbusen im Herzogthum Altenburg.

4b. Vergrösserte Ansicht desselben Exemplars. Kopien nach GEINITZ.

5a. *Fenestella retiformis* LONSDALE von Humbleton Hill. Der trichterförmige Bryozoen-Stock von der Seite. Kopie nach KING.

5b. Vergrösserte Ansicht eines Stücks der zellentragenden inneren Fläche des trichterförmigen Bryozoen-Stocks. Kopie nach KING.

6a. *Synocladia virgulacea* KING von Humbleton Hill. Der trichterförmige Bryozoen-Stock von der Seite.

6b. Vergrösserte Ansicht eines Stücks der zellentragenden Innenfläche der trichterförmigen Ausbreitung.

7. *Spirifer undulatus* SCHLOTHEIM von Korbusen bei Ronneburg im Herzogthum Altenburg.

8a. *Camarophoria Schlotheimi* KING von Gera in Thüringen. Ansicht gegen die grössere Klappe.

8b. Ansicht gegen die kleinere Klappe.

8c. Ansicht eines kleineren als Steinkern erhaltenen Exemplars.

9. *Camarophoria multiplicata* KING von Humbleton Hill. Ansicht des Steinkerns von vorn gesehen. Kopie nach KING.

10. *Productus horridus* SOWERBY von Gera in Thüringen. Exemplar mit den zum Theil erhaltenen Röhrenstacheln.

11. *Terebratula elongata* SCHLOTHEIM von Pössneck unweit Saalfeld in Thüringen.

12. *Streptorhynchus pelargonatus* DAVIDSON (*Terebratulites pelargonatus* SCHLOTHEIM) von Sunderland. Kopie nach DAVIDSON.

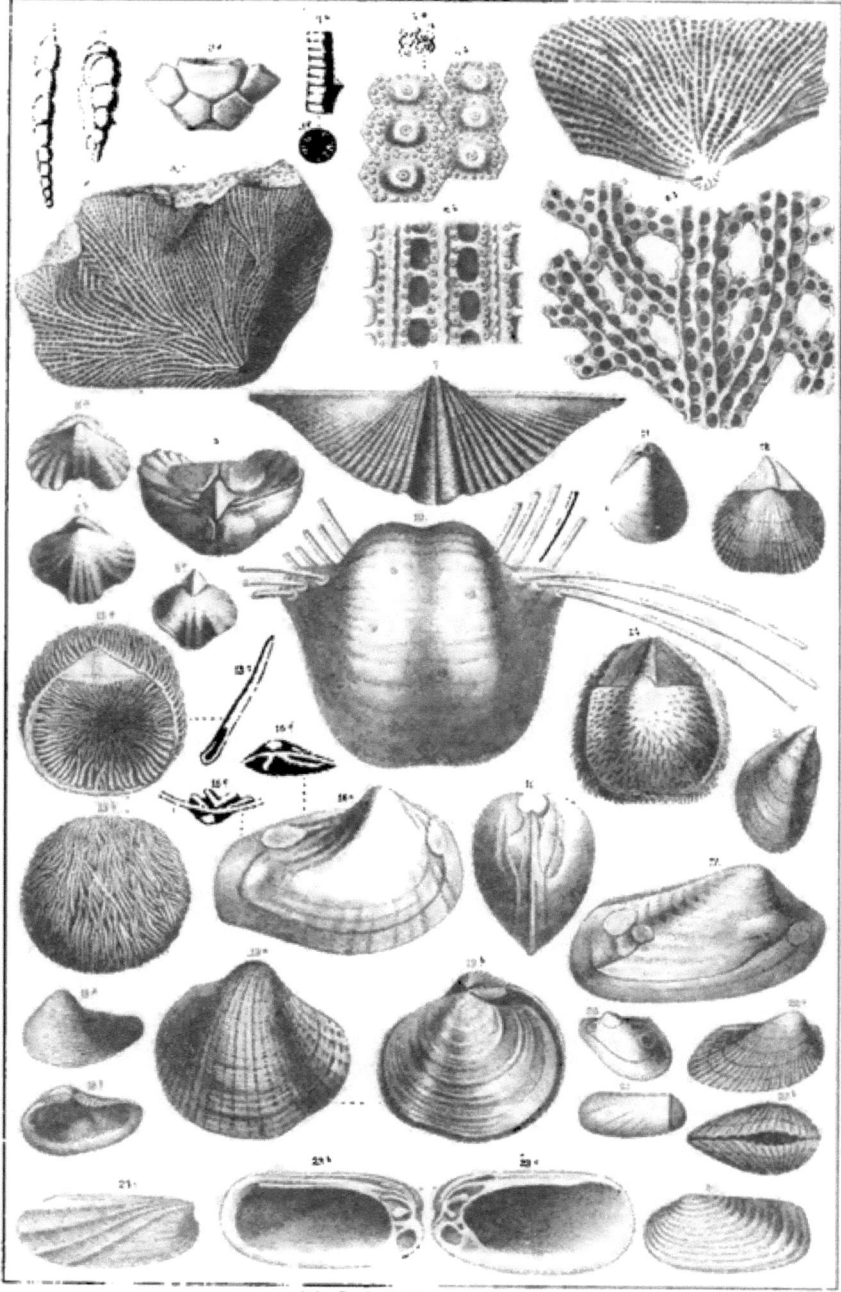

Fig. 13a. *Strophalosia Goldfussii* KING von Gera in Thüringen. Ansicht gegen die kleinere Klappe.
13b. Gegen die grössere Klappe.
13c. Vergrösserte Ansicht eines Röhrenstachels.
14. *Strophalosia (Aulosteges) Wangenheimi* HELMERSEN vom Berge Grebeni im Gouvernement Orenburg. Kopie nach DAVIDSON.
15. *Cardiomorpha modioliformis* KING von Tunstall Hill bei Sunderland. Kopie nach KING.
16a. *Schizodus obscurus* KING von Nieder-Rodenbach bei Hanau. Ein Steinkern gegen die rechte Klappe gesehen.
16b. Ansicht desselben von vorn.
16c. Das Schloss der linken Klappe von *Schizodus truncatus* KING. Kopie nach KING.
16d. Das Schloss der rechten Klappe.
17. *Allorisma elegans* KING. Steinkern von Humbleton Hill. Kopie nach KING.
18a. *Leda speluncaria* GEINITZ von Logau in Schlesien. Ansicht der linken Klappe von aussen.
18b. Von innen. Kopien nach GEINITZ.
19a. *Avicula speluncaria* QUENSTEDT von Altenstein in Thüringen. Ansicht gegen die linke Klappe.
19b. Ansicht gegen die rechte Klappe.
20. *Bakevellia antiqua* KING. Steinkern von Humbleton Hill.
21. *Solenomya Phillipsiana* KING. Etwas vergrösserte Ansicht eines Steinkerns von Humbleton Hill.
22a. *Byssoarca tumida* KING von Tunstall Hill bei Sunderland. Ansicht der rechten Klappe. Kopie nach KING.
22b. Ansicht der Schale von unten.
23a. *Pleurophorus costatus* KING von Tunstall Hill bei Sunderland. Ansicht der rechten Klappe. Kopie nach KING.
23b. Ansicht der Innenseite der linken Klappe, um das Doppelte vergrössert.
23c. Ansicht der Innenseite der rechten Klappe, um das Doppelte vergrössert.
24. *Solenomya biarmica* DE VERNEUIL von Humbleton Hill. Ein etwas vergrössertes Exemplar mit der Schale. Kopie nach KING.